文部科学省教科調査官
杉本 直美 監修

Q&Aで学ぶ

中学校国語
新学習指導要領

教科調査官が答える
現場からの **34**の Q

教育系博士課程
における
リカレント・モデル
の構築

著

溝邊和成
久我直人
髙橋敏之
田村隆宏
西山　修
松本　剛
水落芳明
若田美香

はじめに

　本書を手に取る読者は、おそらく書籍のタイトルに興味を抱き、その具体的なイメージを掴もうとしてページをめくっておられるだろう。その心情・行為は、筆者たちのこれまでに感じ、取り組もうとしてきた姿と重なっているようにも見え、どことなく親近感や同胞感さえ生まれ、実に悦ばしく感動に満ちる思いである。まず、冒頭に感ずる思いを素直に表出し、お伝えしておく。

　さて、本書のねらいは、対象としている教育系大学院（博士後期課程）が「何をするところ」であるかを明らかにすべく、所属する教員の手によって、これまでの取り組みを振り返り、整理し、その成果・課題の一端を述べることにある。そのためのベースとなる研究は、兵庫教育大学大学院連合学校教育学研究科が進める「共同研究プロジェクト」で採択されたプロジェクトＹ（2020～2022年度）であり、そこで得られた研究成果をまとめている。

　研究対象は、1996年に発足した「兵庫教育大学大学院連合学校教育学研究科」であり、特にその中の「先端課題実践開発専攻」（2009年設置）を取り上げている。教育系大学院としての成立過程やそのねらいをはじめ、「先端課題実践開発専攻」が、どのような経緯で誕生し、運営がなされてきているか、またそこに集ってきた学生の学修成果はどうであったか、指導体制が十分機能していたか、さらに修了者は、どのような進路を選択しているか、他大学・外国と比較すると……等を関心事として焦点付け、分析している。そして、それらの中から「何をするところ」と「どうあるべきところ」の整理を進め、新たな方向性を探り出す一案を提供しようと試みている。

　このような研究に至った背景には次の３点があった。１点目は、いわゆる教職大学院の現職院生から聞こえてきた素朴な「声」である。
「教職大学院修了生が博士後期課程に入学できるのか」
「３年で修了できるのか不安」「仕事を抱えながらは難しい」
「教育現場と離れているイメージが強いので、必要ない」
　など、進学に対する率直な意見は、オフィシャルな発言ではないものの、取り組みを振り返ることの意義を見出す大きなきっかけとなった。

2点目は、昨今注目されている「大学院教育の体質改善」（ex. 文部科学省 2018）※に見られる「知のプロフェッショナル」育成のための機能装備である。特に教育系博士課程における現職教員に開かれた実践研究に基づくリカレントシステムの問い直しである。指導者側の指導内容の再検討ともいえよう。指導教員にとって、博士課程学生に対する研究支援は、最善を尽くしていても不安定さを払拭することができないもどかしさがあった。その点からすれば、タイミングのよい見直しとなっている。

　3点目は、1、2点目を実感している教員側の問題意識の共有である。とりわけ先端課題実践開発専攻所属の教員（執筆者）たちの指導経験に基づく成果と問題点に対する改善意識の高さが原動力としてある。日々の多くの仕事に忙殺されながらも、教育系博士後期課程のあるべき姿を希求する同志が集まっていたのである。

　もちろん、四半世紀が過ぎた連合大学院博士課程、10年を超え、その存在意義を確かにしようとしている先端課題実践開発専攻にとって、今がその取り組みを省察する最も熟した時期であったといえる。その時期に研究プロジェクトという形でサポートをいただくことができ、また、幸いにもその成果の一端をこうした形で公表できたことに心より感謝申し上げる次第である。そして、ここで挙げられた内容が、ともに未来の教育系大学院博士後期課程モデルを模索する読者に少しでも役立てば、この上ない喜びである。もし、読者からコメントをいただけるのなら、冒頭に述べた気持ちが何倍にも膨れ、筆者たちの更なる前進を目指すエネルギーになるのはいうまでもないだろう。読者の声が届くのを期待してやまない。

　最後になりましたが、桑田幸希様（学事出版株式会社）には、一連の出版計画から校正作業に至るまで、多大なご尽力を賜りました。ここに、心より御礼申し上げます。ありがとうございました。

2023年3月吉日

著者代表　溝邊和成（兵庫教育大学）

※文部科学省（2018）「2040年を見据えた大学院教育のあるべき姿　〜社会を先導する人材の育成に向けた体質改善の方策〜」（審議まとめ）https://www.mext.go.jp/b_menu/shingi/chukyo/chukyo4/houkoku/1412988.htm（閲覧日：2022/12/20）

目 次

第1章

研究の概要

1 研究目的

　本研究は、兵庫教育大学大学院連合学校教育学研究科の共同研究プロジェクト（2020〜2022年度・研究番号Y「先端課題解決に向かう実践的教育研究とそれに基づく研究リカレントモデルの可能性」研究代表者：溝邊和成）に位置付くものであり、その目的を、「先端課題解決研究に関わる実践的教育研究者（現職教員・現職大学教員）育成のための高等教育研究リカレントモデルの可能性を探る」としている。

2 研究組織

　本研究の推進にあたっては、共同研究プロジェクトの特質を踏まえ、兵庫教育大学大学院連合学校教育学研究科・先端課題実践開発専攻の所属教員のうち、構成大学の講座代表・副代表（2019年度）をメンバーとして計7名によって組織されている。当然のことながら、全員、当連合大学院において、実践的教育研究者（現職教員・現職大学教員等）養成に携わってきた、あるいは携わっている経験者である。

研究代表者　溝邊和成　（兵庫教育大学）

共同研究者　久我直人　（鳴門教育大学）髙橋俊之　（岡山大学）

　　　　　　田村隆宏　（鳴門教育大学）西山　修　（岡山大学）

　　　　　　松本　剛　（兵庫教育大学）水落芳明　（上越教育大学）

（アイウエオ順）

なお、本書執筆にあたっては、岡山大学大学院修了生（主指導教員：西山修氏）である若田美香氏にも協力いただいている。また、本研究の遂行にあたっては、本連合大学院修了生並びに現在（2022年3月時点）在籍している学生にも研究協力を得ることができた。

3 ｜ 倫理的配慮

　本研究は、兵庫教育大学「ヒトを対象とする研究に関する倫理審査委員会」の審査を受け、承認を受けている（承認番号：2021-20）。

4 ｜ 研究の背景

（1）現代的課題としての大学院教育

　2018年、中央教育審議会が示した「2040年に向けた高等教育のグランドデザイン（答申）」において、「学修者本意の教育への転換」が示される中、「必要とされる人材」を予測不可能な時代を生きる人材として、「普遍的な知識・理解と汎用的な技能を文理横断的に身に付けていくこと」「時代の変化に合わせて積極的に社会を支え、論理的思考力を持って社会を改善していく資質を有すること」と述べている。

　また、「『何を学び、身に付けることができるのか』＋個々人の学修成果の可視化」を重視し、生涯学び続けることができるための多様で柔軟な枠組みを用意し、これまで主流とされてきた大学教員主導の教育システムからの脱却を目指している。

　こうした学修者本位の教育に向けて、教育体制も「多様性と柔軟性」の確保を掲げてきている。例えば、入学する学生においても、18歳入学を想定するモデルではなく、社会人や留学生を積極的に受け入れる工夫がある。リカレント教育とともに留学生交流の促進や国際展開などである。

　上述の答申に加え、2019年には中央教育審議会大学分科会が「2040年を見据えた大学院教育のあるべき姿〜社会を先導する人材の育成に向けた体質改善の

方策～（審議まとめ）」を示してきている。そこでは、大学院の役割として、新しい社会Society5.0等における知の生産、価値創造を先導する「知のプロフェッショナル」の育成が期待されており、次のように要約されている[※1]。「知のプロフェッショナル」には、

① 学士課程で身に付けることが求められる論理性や批判的思考力、コミュニケーション能力等の普遍的なスキル、リテラシーのいずれも高い水準で身に付けていること

② 自ら課題を発見し仮説を構築・検証する力等の、大学院の高度な教育研究を通じてこそ身に付くことが期待される、社会を先導する力、様々な場面で通用するトランスファラブルな力[※2]

③ 各セクターを先導できる特定の狭い領域だけに留まらない高度な専門的知識が求められ、あわせて、STEAM[※]、データサイエンス、高い水準の幅広い教養が必要である。

※ STEAM= Science, Technology, Engineering, Art, Mathematics

そして大学院教育の改善方策として、「人材養成機能（研究者養成、高度専門職業人養成、大学教員養成、知識基盤社会を多様に支える高度で知的な素養のある人材の養成）」と上記に示す「知のプロフェッショナル」の姿を基本としつつ、機能や教育課程等の改善・検証が求められている。

例えば、人材養成を目的に即した教育研究組織の柔軟な見直しなどが挙げられる。学生の進路に責任を負う意識のもと、修了者の状況の把握・追跡等を踏まえた指導体制の改善や、実務家教員の積極的な配置によるコースワークの充実、さらに博士課程においては、「極めて高度な専門性に加えて、博士課程にふさわしいレベルの幅広い能力を培うため、基礎となるコースワーク、博士論文研究基礎力審査及び研究指導（研究室のローテーションを含む）について、それぞれの取組の趣旨を踏まえて適切な規模や手法により実施することが重要である。」とされている。

具体的には、「博士後期課程のプレFD実施や情報提供の努力義務化」、「研

※1　「2040年を見据えた大学院教育のあるべき姿～社会を先導する人材の育成に向けた体質改善の方策～（審議まとめ）」平成31年（2019年）1月22日中央教育審議会大学分科会　要旨」

究者・大学教員の養成における、国際感覚を養うための海外長期留学等、産業界との共同研究等」、「博士後期課程レベルの高度専門職業人養成について新たな課程の創設」などが示されている。「博士後期課程修了者の進路の確保と、把握した内容のカリキュラム改善や定員設定等への活用」も挙げられている。

さらに、「リカレント教育の充実」も謳われている。生涯の中でキャリアチェンジやキャリアアップが予想されるため、社会人を対象としたリカレント教育は重要なテーマであり、高度専門職業人を養成する大学院のリカレント教育は極めて重要な課題と捉えている。その具体策に「実践的な教育プログラムの展開」「履修時間・学事暦の工夫や、履修証明プログラム等の活用等」「社会人の時間的・空間的障壁を低下させる取組推進（夜間・土日開講、メディアの活用・通信教育課程の設置）」などが挙げられている。

この他、人文・社会科学系大学院の課題として博士号取得までの期間が他分野より長いことなども指摘され、その改善が求められている。この点も、教育系博士後期課程において看過できない課題といえる。

（2）教育系博士後期課程を設置する大学

上記のような動きが際立ってくる中で、いわゆる連合による教育系の大学院博士課程が誕生してきている。1990年代前半、日本教育大学協会が「教育系大学・学部における大学院博士課程設置に関する要望書」を提出するなどの活発な動きが見られ、その数年後の1996年に設置されている。連合大学院博士課程の設置は、これまでに農学や獣医学の分野においていくつかの大学に見られるが、教育系の連合大学院は、日本で初めての成立となる。それが、兵庫教育大

※2　「2040年を見据えた大学院教育のあるべき姿〜社会を先導する人材の育成に向けた体質改善の方策〜（審議まとめ）」（文部科学省 2019）によれば、トランスファラブルな力について以下のような注釈が見られる。
　　「移転可能なスキル」と訳されることが多い。例えば、欧州科学財団（European Science Foundation）の報告書 " Research Careers in Europe Landscape and Horizons"（2009）では、「一つの文脈で学んだスキル、例えば、研究を行う上で学んだスキルの中で、他の状況、例えば、研究であれ、ビジネスであれ、今後の就職先において有効に活用できるようなスキルのことである。そしてまた、トランスファラブルスキルがあれば、学問領域及び研究関連のスキルを効果的に応用したり、開発したりすることができるようになる」と定義されている。

学と東京学芸大学であり、その2大学のみとなっている。2012年に成立した「教員養成大学・学部の教員」を養成する「共同教育課程制度」を活用し、設置された愛知教育大学と静岡大学の教育学研究科の博士後期課程（3年）[3]とも異なる。

　連合大学院の設置の趣旨・目的を捉えると、「実践に根ざした学校教育学の一層の推進とその方法の確立」をはじめ、それらを基にした「実践的能力を養う教育プログラムの供給」や「学校教育学を教育研究分野とする人材の育成と供給」、さらに「現職研修の充実に指導的役割を果たす専門的職業人の育成と供給」とされている[4]。

　兵庫教育大学と東京学芸大学の連合大学院は、設立の意図は同じであるものの、同等ではない。単純な比較をすれば、学位の名称が異なる。東京学芸大学が、これまでにも見られる「博士（教育学）」とする一方、兵庫教育大学では、全国で唯一となる「博士（学校教育学）」とし、「教育実践学の研究を自立的、協働的に遂行する資質・能力を有することが認められた者」に対して授与される。ここでいう教育実践学の研究を推進する資質・能力は、「教育実践学コンピテンシー」として定義され「教育実践に関する高度な研究課題」へのかかわりを強調していることがうかがわれる。

　また、「学校教育実践学専攻」と「教科教育実践学専攻」の2つの専攻から発足してきた兵庫教育大学連合大学院では、13年後の2009年に「先端課題実践開発専攻」が新設されている。学校教育における多様な諸課題を解決するための理論と人材を供給するとして、より実践性が高い研究者・指導者の養成を目指すユニークな専攻設置がなされていることがわかる。その10年後、2019年度より岐阜大学、滋賀大学の2大学も構成大学として加わり、6大学の教育系連合大学院博士後期課程として例のない拡充期を迎えている。

　このように兵庫教育大学連合大学院は、大きく変遷を辿りながら高度な専門性を有した人材を輩出してきている。しかしながら、前節で示した「知のプロ

※3　愛知教育大学大学院・静岡大学大学院 教育学研究科共同教科開発学専攻ホームページ
　　　https://subdev.ed.shizuoka.ac.jp（閲覧日：2022/12/20）
※4　https://www.hyogo-u.ac.jp/rendai/information/outlines.php（閲覧日：2022/12/20）

フェッショナル」育成にかかる教育系博士後期課程としての詳細な検討という面に関しては、十分になされていないのが現状であり、今後の重要課題といえる。

（3）リカレント教育

　先にもふれたように、学校教育における教育問題が、複雑化・高度化される昨今、より実践性の高い教育研究力を備え、その分野において指導可能な高度専門職業人、研究者、大学教員等の人材養成は、教育系博士後期課程での喫緊の課題と受け止められる。そのため、学位取得までの長期化問題や社会ニーズに応える実践性の高い研究課題の扱い、学位取得に関する社会的理解といった事柄に関して、解決可能な「リカレント教育」の確立が望まれる。すなわち、実践性の高い教育課題にかかわる現職教員・大学教員等の教育研究者育成プログラムとしての「リカレント・モデル」の確立とその実行といえる。

　リカレント教育は、周知の通り、ラングラン（1965）の「生涯教育」の系譜を引き継ぎつつ、1973年、経済協力開発機構（OECD）によって体系付けられていく。古典的生涯教育論の思想的文脈を踏まえつつも、学校を卒業した者が学校に戻り、再教育を受けることを可能にしたものである。すなわち、学校と社会との往復・往還の奨励であり、リカレント（re-current）といわれる所以でもある。笹井（2020）は、学び直しをする理由や大学側に期待するカリキュラム、学修方法等の比較分析を行う中で、高等教育のリカレント教育において、学修者のターゲティングを行い、学修目的を明確にし、それに応じた形での教育提供が重要であることを示している。また、リカレント教育として修学する学生の多くは、「成人の学修者」であることから、いわゆる子どもを対象として行われる教育方法：ペダゴジー（pedagogy）的な観点に加えて、大人を対象にした学習支援の方法：アンドラゴジー（andragogy）（ex.マルカム・S・ノールズ 2002、2005）の観点も重要であるとしている。

　こうしたことを踏まえれば、現行の本博士課程において、リカレント教育のモデルを考える際も、成人の学修者を念頭に、学修者の主導性が発揮できるよう、研究活動の個々の場面で遭遇する課題に対する指導・支援を丁寧に再検討

する必要があるだろう。

（4）Ed.D. プログラム

　教育系博士課程の１つの先行事例として、アメリカの専門職学位 Ed.D. の取り組みが注目に値すると考えている。詳細な検討は後章に譲るが、Ed.D. は、アメリカでは教育分野の実践的な活動や調査研究と密接に通じている学位であり、橋本（2002）や小川（2002）などの紹介とともに大学院教育の高度な能力を有する人材育成を示す例として、アメリカのスタイルが参考にされてきた点（ex. 福留2012、今津2011、黒田2014）等から、リカレント・モデル構築の一助になると考える。箱崎（2018）、川崎（2019）の Ed.D. プログラム訪問調査（兵庫教育大学報告書）があるものの、倉本（2019）のハワイ州立大学の事例を示した研究報告も参考になるだろう。また、アメリカの Ed.D. に深く関与する「教育博士に関するカーネギープロジェクト（Carnegie Project on the Education Doctorate：CPED）」[5]の存在も見逃せない。

　直近の研究では、カナダの大学院に焦点付け、M.P.Ed. および Ed.D. プログラムの設置状況（平田 2021a）や、2014年より CPED に加入しているウェスタン大学（Western University）教育系大学院における教育実践家向けと研究者向けの学位プログラム比較が報告されている（平田 2021b）。また、平田（2022）は、同大学 Ed.D. プログラムの成果物「組織改善計画（Organizational Improvement Plan：OIP）」を解説している。学生の職業特性に応じてコーホート・モデルによる指導がなされ、学位論文に替わる「OIP」（第３年次）の完成に至るなど、教育的リーダーシップ領域に限定したカリキュラム構成のユニークさも確認できる。

　なお、日本における Ed.D. については、次のような報告が見られる。文部科学省の大学院教育改革支援プログラムへの採択を受けて、広島大学では、「Ed.D. 型大学院プログラムの開発と実践」に取り組んでいる（水野ほか 2008）。その中で、大橋・上野（2009）は、ティーチング・アシスタント（以下「TA」と

※5　https：//www.cpedinitiative.org（閲覧日：2022/12/20）

する）を取り上げている。いわゆる「教育実習」にあたる「ティーチング・プラクティカム」の展開である。授業実施、事前・事後検討会が院生・教員間で取り組まれ、大学院生の授業力形成に効果があったことを報告している。

　2006年より名古屋大学に設置された「教育マネジメントコース（Ed.D. コース）」にかかわる経緯や意義の報告もなされている（松下 2010）。白畑ほか（2015）は、実際のインタビューデータや今津（2011）の報告をもとに、アメリカにおける Ed.D. プログラムの視察報告とともに名古屋大学の Ed.D. について考察し、実践的で基盤的なフレームを Ph.D. との違いとして捉えている。

　このように、Ed.D. プログラムに関していえば、いわゆる教育実践に深く関与する「実践性」を担保しつつ、さらに高度な専門的な教育研究を求める点においては共通される。しかしながら、具体的なカリキュラムデザインやリカレントとしてのモデル化にまで、十分検討されていないのが現状であるといえる。したがって、具体的な学生・教員の実態調査から得られた成果と課題を踏まえた、コースデザインの共通理解や指導モデルのアイデアを刷新していくところに、リカレント・モデルの存在価値を指し示していくのではないかと考える。そのアイデアの提案を本書では述べていく。

5 　研究の内容と方法（次章以降の構成）

　最後に、次章以降の内容構成を概略することで、本研究の内容と方法等についての説明とする。

（1）教育系博士後期課程におけるリカレント教育（第2章）

　本研究のスタートとして、日本の教育系博士課程の実態と課題を整理するところから始める。その中から、アメリカで取り組まれている Ed.D. に焦点付け、その歴史的経緯等を踏まえるとともに、特徴からリカレント・モデル構築のための要素と課題を整理していく。さらに、日本の教育系博士後期課程において、今後に期待されるリカレント・モデル構築の方向性を展望するところまでを試みる。

（2）連合大学院博士後期課程の組織と運営（第3章）

　ここでは、兵庫教育大学を基幹大学として、1996年に発足した本連合大学院博士後期課程が掲げる「教育実践学」やその枠組み、さらには、25年間の連合大学院学生の志願者・入学者、修了者に関して、その変遷を捉えることを目的としている。特に、現職教員のリカレント教育への寄与を記す点から、志願者・入学者等の年代・職業別変遷を辿ったり、学位取得状況、修了者・退学者等のその後の進路にも着目したりするとともに、変遷の中から、先端課題実践開発専攻の設置の意義・役割・成果を概説する。

（3）先端課題実践開発連合講座の設置と研究題目（第4章）

　前章に引き続き、連合大学院後期博士課程の設置意義等を振り返るとともに、2009年に新設された先端課題実践開発専攻についての設置趣旨と教育課程編成の特色等にふれる。特に、本章では、在学中の単位取得率や学会発表件数、現職教員の修了者人数等からの特徴を焦点化するのではなく、実際に修了した学生の「学位論文」を対象に、その題目分析を試みる。そして結果として得られる本専攻を特徴付ける成果・課題からリカレント教育への示唆を探り出す。

（4）教員・学生を対象としたデータ収集・分析（調査方法：質問紙、グループインタビュー、個別インタビュー）

（A）教員・学生を対象とした質問紙法による量的分析調査（第5章）

　ここでは、「教育実践家の教育実践研究者養成・育成」に必要な指導事項・配慮項目等を明らかにすべく、その実態を捉えることを目的としている。まず、調査協力に同意が得られた研究対象者：本講座に関係する教員（退職者も含む）に対して、実践研究の指導（内容・方法）や研究活動（論文執筆・学会発表等）に関するアンケート調査を行う。アンケート調査では、web上でデータを収集し、量的分析を行っていく。次に調査協力に同意が得られた学生（修了生を含む）に対して、自身の研究活動や教員の指導についてどのように捉えていたかについて、量的分析を行い、その特徴を明らかにしていく。

（B）学生を対象とした個別インタビューによる質的分析調査（第6章）

（A）の量的分析に加え、より確かな実態を把握するため、調査協力に同意が得られた修了生を対象に、インタビュー調査を手がけていく。博士後期課程3年間とその前後を含めて、学位取得や研究活動にかかわる出来事やその時の印象・思い等に焦点付けて、データを収集し、可視化できる分析手法を用いて、まとめていく。本調査では、分析方法として TEM（複線径路・等至性モデル）[※6]を援用して時間とともにその経緯がわかるようにしている。

（C）教員を対象とした個別インタビューによる質的分析調査（第7章）

指導教員経験者の大学院博士課程学生に対する指導について、その独自性や課題を質的調査によって明らかにしていく。本調査では、半構造化面接法を行い、分析方法として、SCAT（ex. 大谷 2019）を用いる。分析結果は、以下の3点のカテゴリー「目標へと誘導する支援」「心的に寄り添う支援」「学生と共同する支援」に分類し、指導時期も合わせて考察していく。

（D）学生を対象としたグループインタビューによる質的分析調査（第8章）

それぞれキャリアの異なる修了生（4名）を対象に、座談会（グループインタビュー）形式を用いて、次のような内容を中心に、博士後期課程での実情等についてデータを収集し、分析していく。

「学位を取得してよかったこと」「在学中の楽しかった思い出」「学位取得で大変だったこと」「博士後期課程に入る前・在学中・修了後の変化」「博士後期課程で得られたこと」「博士後期課程で学んだことが今の生活にどう活かされているか」「博士後期課程で学ぶ意味」「博士後期課程の充実のために求めたいこと」等

（5）全体考察とまとめ（第9章）

前半では、各章（第2章〜第8章）から得られた成果と課題を受け止める。後

※6　サトウタツヤ編著（2009）『TEM ではじめる質的研究―時間とプロセスを扱う研究をめざして―』誠信書房

半では、得られた成果が今後もより継続するよう、指導体制の維持を明確に示すとともに、それらに残された課題に対する改善案を盛り込む形で、リカレント・モデルの提案を試みる。特に、「学校現場で生起する課題を解決に導くカリキュラム開発とその指導者となる教員の実践性・学術性の担保」をイメージしつつ、3つのポリシー（アドミッションポリシー、ディプロマポリシー、カリキュラムポリシー）、教育実践学コンピテンシー、そして、指導体制やフレックスタイム・カリキュラム制度等の扱いを整理した上で、具体的なアイデアを述べる。

　3年間の在学期間における指導ポイントとしてのアイデアのみにとどまらず、博士課程前後の期間を含めた提案を試みる。また、指導教員側の指導力形成のための手立ての一例も併せて示すところまでをリカレント・モデルの範疇として捉えることとした。

【引用・参考文献】

箱崎雄子（2018）「Ed.D. プログラム訪問調査報告書」『兵庫教育大学報告書』（未刊行）

橋本鉱市（2002）「米国における専門職学位プログラム ―教育系プロフェッショナルスクールの Ed.D.―」『学位研究』第16号、pp.95-104

平田淳（2021a）「カナダ・ウェスタン大学（Western University）大学院における M.P.Ed.（Master of Professional Education）及び Ed.D.（Doctor of Education）プログラムの比較分析」『佐賀大学大学院学校教育学研究科紀要』第 5 巻、pp.43-64

平田淳（2021b）「カナダ・ウェスタン大学（Western University）教育系大学院における教育実践家向け学位プログラムと研究者向け学位プログラムの比較分析 ―修士課程および博士課程双方を比較して―」『佐賀大学大学院学校教育学研究科紀要』第 5 巻、pp.65-80

平田淳（2022）「カナダ・ウェスタン大学 Ed.D. プログラムにおける最終プロジェクト「組織改善計画（Organizational Improvement Plan：OIP）」の意義と内容」『佐賀大学大学院学校教育学研究科紀要』第 6 巻、pp.2-23

福留東土（2012）「大学院教育と研究者養成 ―日米比較の視点から―」『名古屋高等教育研究』第12号、pp.237-256

今津孝次郎（2011）「教職専門職博士課程 EdD の可能性と課題」『日本教師教育学会年報』第20号、pp.8-17

川崎由花（2019）「米国の Ed.D. プログラム調査報告」『兵庫教育大学報告書』（未刊行）

倉本哲男（2019）「アメリカにおける Ed.D. カリキュラムの研究 ―ハワイ州立大学（University of Hawaii）の Ed.D. 指導論を事例に」『アメリカ教育研究』第29号、pp.29-43

黒田友紀（2014）「米国における専門職学位 Ed.D. をめぐる議論の検討」『教科開発学論集』第 2 号、pp.149-157

マルカム・S・ノールズ（著）堀薫夫・三輪建二（監訳）（2002）『成人教育の現代的実践 ―ペダゴジーからアンドラゴジーへ―』鳳書房

マルカム・S・ノールズ（著）渡辺洋子（監訳）（2005）『学習者と教育者のための自己主導学習ガイド』明石書店

松下晴彦（2010）「研究大学における Ed.D. プログラムの意義 —名古屋大学「教育マネジメント」の事例—」『名古屋高等教育研究』第10号、pp.181-197

水野考・天野かおり・佐々木保孝・杉原薫（2008）「教職課程担当教員の養成プログラム構築に関する研究 —広島大学における「Ed.D 型大学院プログラムの開発と実践」、その現状と課題」『教育学研究紀要』中国四国教育学会編、54（1）, pp.260-269

小川佳万（2002）「学位から見たアメリカ教育大学院 —その特質と問題点—」『名古屋高等教育研究』第2号、pp.161-184

大橋隆広・上野哲（2009）「高等教育制作と大学の自己変革 —広島大学大学院教育改革支援プログラム「Ed.D. 型大学院プログラムの開発と実践」における取組を手がかりに—」『広島大学大学院教育学研究科紀要』第三部、第58号、pp.55-64

大谷尚（2019）『質的研究の考え方 —研究方法論から SCAT による分析まで—』名古屋大学出版会

笹井宏益（2020）「日本におけるリカレント教育の構造と機能の分析：学び直し論の関連を踏まえて」『玉川大学学術研究所紀要』第26号、pp.17-32

新保淳・高根信吾・長倉守・白畑知彦（2016）「米国における Doctor of Education プログラムとの比較から見える共同教科開発学の特性」『教科開発学論集』第4号、pp.185-192

白畑知彦・新保淳・北山敦康（2015）「本共同教科開発学専攻の今後の方向性 —国内外の Doctor of Education（Ed.D.）の実態調査に基づいて—」『教科開発学論集』第3号、pp.181-188

（溝邊和成）

第2章

教育系博士課程における
リカレント教育の構築と課題

1 | 国際比較に基づく日本の教育系博士課程の実態と課題 ⋯⋯⋯⋯

（1）日本の博士課程の実態と課題の整理

　「2040年を見据えた大学院教育のあるべき姿」（文部科学省 2019）において、「知のプロフェッショナル」の育成の必要性とともに、大学院教育の役割として、「四つの人材養成機能」（①創造性豊かな優れた研究・開発能力を持つ研究者等の養成、②高度な専門的知識・能力を持つ高度専門職業人の養成、③確かな教育能力と研究能力を兼ね備えた大学教員の養成、④知識基盤社会を多様に支える高度で知的な素養のある人材の養成）を明示している。

　そのための大学院教育の体質改善の在り方として、「博士後期課程修了者の進路の確保とキャリアパスの多様化」「リカレント教育促進のための社会人の時間的・空間的障壁を低下させる取組」「人文・社会系大学院のキャリアパスの開拓等体系的な教育プログラムの確立」等が示されている。

　この背景には、大学院教育における今日的な課題が捉えられる。例えば、「大学院におけるリカレント教育に係る理想、現状、求められる取組の例」（文部科学省 2019a）において、理想として、社会人にとって「生涯を通したキャリアチェンジやキャリアアップに向けたリカレント教育の機会がある」ことが求められるが、時間的な余裕や費用の問題等の課題が示されている。また、大学側として、「社会のニーズに対応した教育を提供する」という理想があるが、院生や社会にとって「内容が実践的でなく業務に生かせない」等の実践性にかかる課題が指摘されている。

　また、「諸外国との比較 ―人口100万人当たりの学位取得者数比較（博士）」（文

部科学省 2019b）において、学位取得者（博士）数が、日本は米国、ドイツ、英国、韓国の２分の１程度に留まり、また、人文社会科学の割合が極端に低いことが示されている。同資料には、米国の上場企業の管理職等の最終学歴と日本の企業役員等の最終学歴との比較が示され、「米国では多くの大学院修了者が管理職として活躍しているのに対し、日本の企業役員のうち大学院卒はわずか6.3％という現状」が指摘され、学位にかかる社会的理解についての課題を明らかにしている。

　さらに、人文社会系大学院の課題について、①博士号取得までの期間は、他分野と比べると長期であること、②教育の内容が社会のニーズから乖離しているのではないか、③修了者のキャリアパスが見えにくい、等の課題が指摘されている（文部科学省 2022）。

　これら資料で示された課題を整理すると、「知のプロフェッショナル」育成のためのリカレント教育において以下の構造的な課題が捉えられる。

　① 社会人が学修しやすいカリキュラム構成や柔軟な授業実施、ICT の活用、費用支援等が求められること（学修環境の整備）。
　② 社会で生起する現実的な課題に応える実践的な研究が求められること（研究内容の実践性の問題）。
　③ 人文社会系大学院において、博士号取得の長期化を低減する工夫が求められること（標準履修年限に接近させる学修・教育プロセスの構築）。
　④ 社会を含めた関係者間の連携のもと、修了者のキャリアパスを示すリカレント教育のモデルを確立すること（博士号の学位にかかる社会的理解とリカレント・モデルの構築）。

　これら課題は構造的に結びつき、研究内容の実践性が学位への社会的理解を促すこととなり、学位への社会的理解が学位取得者育成の社会的ニーズの高まりを生み出し、このことが社会人学修者の学修環境の整備へと繋がることが推察される。博士号取得までの期間を標準履修年限に近づけることを含め、学修・教育プロセスの一体的な再構築が求められている。

（２）日本の教育系博士課程の課題

　上記４つの構造的な課題は、教育系博士課程においても指摘される。小川

（2002）は、アメリカのプロフェッショナルスクールが専門職を前提に設置され、学位は職業と直接的に結びついており、専門職が制度化されていることを指摘している。一方、日本においては学位と職が直接結びついていない実態がTIMSS 2019（国立教育政策研究所 2021）のデータからも捉えられる。例えば、大学院卒率であるが、日本の小学校の教員で5％、小学校の校長では13％にとどまり、アメリカのそれぞれ49％・98％や、フィンランドの93％・98％と比較すると大きな差異があり、日本においては学位と職の結びつきが低いことが指摘される。

　学位にかかわる社会的理解が不十分であることと、専門性向上に資する学位の設定とそのためのカリキュラム構成の必要性が読み取れる。

　学修環境においても就業しながら学修を進めるために学ぶ時間の確保や費用支弁にかかる課題があり、結果として履修期間の長期化やドロップアウトの問題も内在している。専門職が制度化された欧米等においては、教育の良質化を担保する社会システムとして高等教育が位置付けられ、高等教育の無償化や充実した奨学金制度等、学修の費用や時間への社会的支援が充実している（欧州高等教育大臣会合（パリ会合 2018等）。日本においても誰もが生涯にわたって学び続けることができる学修環境が社会のシステムとして整備されることが求められる。

　このことは、日本の学校教育において生起する教育問題からもその重要性が指摘される。日本の教育問題は、複雑化、高度化しており、「令和の日本型学校教育の構築を目指して」（文部科学省 2021）において、「子供たちの多様化（特別支援教育を受ける児童生徒や外国人児童生徒等の増加、貧困、いじめの重大事態や不登校児童生徒数の増加等）」、「生徒の学習意欲の低下」等の諸問題が指摘され、結果としての「教師の長時間勤務による疲弊や教員採用倍率の低下、教師不足の深刻化」が指摘されている。

　これら高度化する教育問題に対して、理論的、実践的な根拠に基づく打開策が機能的に生成され、日本の教育の良循環を生み出す教育の高度化が喫緊の課題である。このような教育問題が高度化する状況において、より実践性の高い博士課程の機能強化の必要性が捉えられる。また、その実践性を高めるための基礎研究の蓄積を進める研究者養成も同時に求められる。

（3）リカレント・モデル構築の2つの意義

　これら課題の整理からリカレント・モデル構築には2つの意義が捉えられる。その1つは生起する教育問題の複雑化、高度化へ対応するための教育実践の高度化を促進する教育システムの構築を目的とした社会的意義である。もう1つは学修者が個人としてのキャリアアップやキャリアチェンジ等を具現化する個人的意義である。教員養成系の大学教員となる者も学校教育に従事する者も自身の専門性を高めるために博士課程へ進学し、リカレント教育をフレキシブルに受ける環境を整えることは、個人としての成長や力量形成とともに社会的な公益性の向上に繋がる。この両面を機能的に促進する枠組みが学位と職の結びつきを強化する実践性の高度化である。欧米のように誰もがリカレント教育をフレキシブルに受ける環境が整えられることが求められるが、日本の社会的認知において、このような学位と職の結びつきが十分でないことが指摘される。

（4）日本の教育系博士課程の課題の整理

　これらのことを踏まえて、日本の教育系博士課程の課題について以下のように整理した。

① 学修環境の整備と履修期間の長期化の抑制の必要性

　学修者が時間的保障や経済的支援を受けることで、生涯学び続けることができる学修環境の整備が求められる。この学修環境の整備は、学修者の学修へ専念できる環境を生み出し、履修期間の長期化抑制にも繋がることが期待される。

② 実践性の高度化（個の成長と公益性の向上）

　生起する教育問題の解決に資する博士課程の実践性の高度化が求められる。そのための研究的な基礎理論とそれに基づく実践研究の蓄積が求められ、それを可能にする実践力育成のための機能的な博士課程のカリキュラムの構築が求められる。

③ 教育系博士課程の社会的認知の向上と学位と職の繋がりの強化

教育問題の解決に資する実践性を向上させることで教育系博士課程への社会的認知が高まり、学位と職の繋がりが強化されることが期待される。そのことで博士課程への社会的支援の充実を通した学修環境の整備が求められる。

　これら3つの課題は、構造的に繋がっており、生起する教育問題解決に資する実践性の高度化とそれを可能にする基礎研究の充実がその核となることが捉えられる。

（5）教育系博士課程を通したリカレント・モデルと求められる博士課程の教育機能

　日本の教育系博士課程を通したリカレント・モデルは、①大学及び大学院の教員や教育研究機関等で研究に携わる研究者に繋がるモデルと、②学校教育や教育関係機関において、具体的な教育課題解決を進める教育長や教育行政職員、管理職やミドルリーダー等に繋がるモデルとに整理される。

　そのために教育系博士課程に求められる教育機能として、①基礎的研究によるアカデミックな学問原理に基づいた基礎理論や研究知を蓄積することと、②生起する教育問題が複雑化、高度化する中で、学的知識を駆使して学際的方法で諸課題を解決するための実践理論の産出が求められる。

　これら2つの機能は実践性の機能強化の部分で重なり、学校教育の良質化とともに、学位と職の結びつきについての社会的な認知を高めることにも繋がり、上記の課題の構造的な解決に繋がる可能性が捉えられる。

　そして、生起する教育課題に応える実践的な理論や方法を生み出し、そのための研究的な知見を蓄積することを可能にする博士課程の実践性の高度化はどのようにして促進され、質的担保がなされるのか、という次なる課題が見出されてくる。

（6）本稿の目的と課題

　生起する教育問題をこれまでの研究で蓄積された研究知や基礎理論を学際的に用いて、実践的に解決することを目的とした博士課程が、アメリカを中心とした諸外国において Ed.D. プログラムとして構成され、改善されてきた。今津（2011）は、海外の Ed.D. プログラムを概観し、特に Ed.D. が一般化しているア

メリカ、イギリス、中国での取り組みの特徴を抽出し、その共通性を以下の3つにまとめている。①教育専門職の専門性を高めること、②職業資格としての学位を向上させること、③専門職業的行為を通じた研究を推進すること、すなわち、実践性の高度化を基軸にしていることが捉えられる。また、福留（2012）は、「大学院教育を通した高度な能力を持つ人材の育成が世界的に大きな課題となる中で、アメリカの大学院の在り方はその主要なモデル」となることを指摘している。

　上述したように、日本の博士課程が抱える構造的な課題を解決する際に核となる実践性の強化の在り方について、アメリカの Ed.D. プログラムの実態と改善の歴史を整理することで、日本の博士課程の改革の方向性について検討することの意義が捉えられる。

　これらの議論を踏まえ、アメリカの Ed.D. プログラムの実態の分析を通して、日本の教育系博士課程の社会的理解に基づくリカレント・モデルの構築の可能性を検討することを本稿の目的とし、目的達成のための本稿の課題を以下の2点とする。

① 学位と職が結びつき、専門職が制度化されているアメリカの教育系博士課程の Ed.D. プログラムの実態を明らかにするために、実践性を高める Ed.D. プログラムのカリキュラムの特徴を明らかにすること
② 得られた知見から日本の教育系博士課程において求められるリカレント・モデルの構築のための要件を検討すること

　これら本稿の課題を遂行する方法としては、先行研究と教育系博士課程等のウェブサイトの分析を通して明らかにする。

2 | アメリカの専門職学位 Ed.D. の歴史的経緯

　本研究の目的である求められるリカレント・モデルの構築のために、先進的に Ph.D. 並びに Ed.D. の学位が設定されたアメリカにおいて、教育系博士課程の改革がどのように進められてきたかを把握することが有効と考え、その歴史的経緯について先行研究等を基に確認する。

Ph.D. 並びに Ed.D. のそれぞれの学位は、研究学位として Ph.D. が位置付き、実践者（practitioner）として、実践的問題の解決のために行われる応用的な研究に対して授与される専門職学位として Ed.D. が位置付く。1890年代後半に教育系の博士号 Ph.D. がコロンビア大学で最初に授与され、1921年にハーバード大学においてアメリカで初めて Ed.D. プログラムが設置されたと認知されている（倉本 2019）（2021年で Ed.D. の歴史が100年となる）。アメリカにおいて学位が職と結びつき、専門職が制度化されていることが指摘（小川 2002）されているが、教育系博士課程においては、Ph.D. がアカデミックな研究者としての学位と結びつき、Ed.D. は教育実践を対象とした職業（学校教育行政者や教育関係者等）と結びついたプロフェッショナルな実践者の専門職博士として位置付けられた。具体的には、教育系博士課程の Ed.D. は、例えば教育長や校長、教育行政関係者、教育現場における専門的な職業従事者の資格とも結びついている。教育長職や校長職においては、Ed.D. の学位の取得が求められ、職業と結びついた専門職学位として機能しているという（小川 2002）。

　学修者のリカレント・モデルとして学位を意義づけると、キャリアアップやキャリアチェンジを学位取得が可能にする構造となっていることが捉えられる。

　一方、2000年以降に専門職の在り方が議論される中で、黒田（2014）によると、Ed.D. プログラムの課題として、Ed.D. プログラムが Ph.D. のプログラムと似たようなコースを学修することとなるが、修了要件が Ph.D. の博士論文のような新たな知見を生み出すアカデミックさに欠けること、また、就学スタイルがフルタイムではなくパートタイムであることから Ed.D. が "Ph.D.-lite" と揶揄されることがあったという（Shulman et al. 2006）。つまり、Ed.D. プログラムに付与された主要な機能である実践性や専門性の高度化という学位の学術性における質的担保の課題が指摘された。

　学位と職の繋がりを重視し、専門職が制度化されているアメリカにおいても、その根幹が揺らいでいたことが指摘される。

　このような課題に対して、2005年以降に Lee Shulman らを中心とした「教育博士に関するカーネギープロジェクト」（The Carnegie Project on the Education Doctorate, 以下「CPED」とする）によって Ed.D. の再評価と実質化を目的として

組織的な改革が進められてきた。

CPED は、現在100を超える大学が参加する国際プロジェクトとなり全米の Ed.D. カリキュラム指針にも多大な影響を与えているとしている（倉本 2019）。

その中で、CPED は教育における専門職性を明示するとともにその専門職性を向上させるカリキュラムを構成する概念を整理し、Ph.D. とは異なる学術性を明示している。

その CPED の Ed.D. 定義は、「教育における職業的博士であり、固有の実践を対象にして、新しい知識を創造し、教育実践者の職業的な専門性を発展させるもの」としている。そして、Ed.D. カリキュラムを構成する概念を以下の4点に整理している（倉本（2019）を筆者が要約）。

---

① 「実践的探求」（Inquiry as practice）

実践的探求とは、実践的な課題を学術理論、実践的知見、実証方法等を駆使して解決を図り、教育実践の理論構築を進める。

② 「実践的実験」（Laboratories of Practice）

実践的実験とは、理論と実践を融合し・往還し、相互補完的に発展させることで、教育理論の深化と実践における教育効果の促進を具現化する。

③ 「実践的研究論文」（Dissertation in Practice）

実践的研究論文とは、実践的課題を解決することを目的化し、学術的知見を示すことにある。教育事象の因果関係を把握する能力を身につけ、実践的な問題の解決に対応する研究能力を習得する。

④ 「実践的課題」（Problem of Practice）

実践的課題は、状況論的に固有の文脈を持っており、常に特殊で固有の事象へと変容する。その潜在性を踏まえることが教育実践の理解と望ましい結果に繋がる。

さらに、倉本（2019）は、職と結びつき、その専門性を高める Ed.D. カリキュラムについて、CPED の国際プロジェクトへ参加し、2018年度に最優秀賞を受賞したハワイ州立大学（University of Hawaii、以下「UH」とする）のカリキュラ

ム論と研究指導論の実態について事例調査を行ってその枠組みを整理している。

　その中で、UH における Ed.D. のアクションリサーチの定義について、「自己（関係）実践の改善を通して、教育的資質・能力に関する自己成長を実感できる第一人称の実践研究であり、実践に関与・観察しながら省察（Reflection）と実証によって自己（関係）実践を発展するもの」としている。

　また、倉本（2019）は、Ed.D. 論文のついても調査しており、Ed.D. 論文の構成として、先行研究の総括（残余部分の発見）、研究課題の設定、実践の実施、実証等のスタイルをとり、学術性が求められることと、さらに研究タイトルは、あくまで実践改善を目的とした実務的な概念が求められるとしている。そして、Ed.D. 論文審査のルーブリックの評価表についても以下のように整理している（倉本（2019）を筆者が要約）。

第 1 章「研究課題の所在」；①導入、②問題の所在、③研究課題、④研究の意義・重要性、⑤重要概念の定義。

第 2 章「先行研究の総括」；①理論枠組みを活かした研究課題の分析、②研究方法論のレビュー、③先行研究の総括（概要）と研究への援用。

第 3 章「適切な研究方法論」；①研究目的の再確認、②研究方法論、③データ収集・分析方法・データ集計と結果。

第 4 章「結論」；①研究目的の再確認、②データ結果の総合的結論、③広義文脈における結論、④実践への示唆。

　Ph.D. 論文と同様の研究スタイルと学術性が求められ、実践的な研究を通した学位と職の専門性の繋がりが担保されるように設計されていることが読み取れる。

　実践性を高めるために、大学としてカリキュラム改革を積み重ねることの意義が確認された。また、この実践性を高めるカリキュラム改革へ不断の努力が学位への社会的な認知を高めることに繋がり、学修者のリカレント・モデルを学修環境（経済的、時間的）の側面から支援する社会システムを存立させることにも繋がっていると捉えられる。

3 | 教育系博士課程における求められるリカレント・モデルの構築の意義と課題の整理 ·····

　上述のことを踏まえて、リカレント・モデル構築にかかる理想と課題について表1に整理した。ここでは、今津（2011）、倉本（2019）、黒田（2014）等の先行研究と大学院博士課程のウェブサイト等の分析を通して、①学修者、②大学（大学教員含む）、③社会・国の3つの立場から求められるリカレント・モデルを構成するための理想の在り方と実際的な課題について整理した。それは、上述の課題の整理を踏まえ、リカレント・モデル構築において、リカレント・モデルの主体者である学修者とリカレント教育を実施する大学（大学教員を含む）、そして、学位への社会的評価を行い学位と職を結び付ける社会・国（教育行政を含む）という3つの立場からのアプローチが求められるからである。

　まず、学修者の視点からは、学修目的によって求めるリカレント・モデルが異なることを踏まえ、研究者モデルと実践者モデルの2つのリカレント・モデルに整理した。

　次にそれぞれに求められるリカレント・モデルを具現化するための大学としての教育方針、カリキュラム、指導教員の指導の在り方等について整理した。

　さらに、教育系博士課程への社会的認知の促進を含めた求められる社会的支援について整理した。

　この学修者、大学、社会の立場から整理されたそれぞれの項目は構造的に結び付き、その中心的な課題の解決によって連動的な良循環が生み出される可能性がある。その核となる中心的課題とは、教育系博士課程における学術的な基礎知識の蓄積とそれらを活用した教育課題解決を進める実践性の高度化であり、そのための大学と教員の不断の改善努力が求められることである。

　加えて、理想のリカレント・モデルの構築を促進する国としての制度的支援が求められ、そのことによって学位への社会認知が促進され、社会的支援システムが構成されると考えられる。

表1 求められるリカレント・モデルと現状における課題

		求められるリカレント・モデル		現状における課題
学修者	取得学位	研究者モデル 博士（教育学）Ph.D.	実践者モデル 博士（教育）Ed.D.	研究者モデルと実践者モデルが混在
	属性	学卒者、社会人	教育関係者、社会人	誰もが学べる環境整備が不十分
	学修目的	大学研究者 教育関係研究職	大学教員、教育長、校長、教育行政関係者、ミドルリーダー	学位と職の繋がりが弱い 目的の曖昧性
	学修時間	学修に専念できる時間的支援と保障		現職、社会人、学卒者が学修に専念できる時間的、経済的支援システムを構築する必要性 履修の長期化
		フルタイム （パートタイム）	（フルタイム） パートタイム	
	費用	経済的支援（無償化・奨学制度等）		
大学	教育方針 （人材）	高度な研究能力と学識 （研究者育成）	実践性を重視した高度で応用可能な実践研究能力と実践的な学識 （実践者育成）	研究者育成と実践者育成が混在
	研究目的	当該分野の学術研究の進捗に貢献	学術的方法で職業上の課題の解決に貢献	アカデミックな側面とプロフェッショナルな側面が混在もしくは両面が求められる
	学位	学問原理に基づいたアカデミックな学術研究に対して授与	実践的な問題解決を進め応用的な研究に対して授与	
	カリキュラム	学術的なコア科目と専門科目、研究論文	学術的なコア科目と専門科目、実践研究論文	研究論文と実践研究論文の区分はなく、学術論文として求められる
	論文	学的キャリアを希求し、学的知識の総体としての独自性を求める	固有の実践的課題を対象として、学的知識を駆動して改善することで新たな実践的知識を生み出す（自身が直接実践にかかわる一人称研究）	
	テーマ	学修者の課題意識に基づく当該専門分野の学術的テーマ	教育課題解決を目的とした実践的なテーマ	
	先行研究	先行研究の不備の克服	実践的課題解決に先行研究を活用	研究テーマによる
指導教員	指導内容	当該分野の専門的知識を用いて課題設定から論文執筆等にかかる指導（指導・助言型）	現職院生の実践的な課題意識を研究課題へ昇華させる支援（対話型） 学術論文執筆にかかる研究的・スキル的指導（指導型）	・学術論文執筆にかかる研究的・スキル的指導が必要 ・学修時間管理等の支援、モチベーション維持の精神的支援が必要

	博士課程への認知と期待	当該分野の専門的知識の蓄積を通した社会問題解決への貢献期待	生起する教育課題解決のための新たな実践的知見の産出への期待	学位への社会的認知と期待が脆弱 学位へのインセンティブが不明
社会・国				
	時間的、経済的支援	現職者への業務分担の軽減・配慮 経済的支援（無償化・奨学制度等） 国の制度としての時間的・経済的支援体制の整備		社会的認知が脆弱 時間的、経済的支援が不十分

※今津（2011）、倉本（2019）、黒田（2014）等の先行研究と大学院博士課程のウェブサイト等の分析を通して久我が作成

4 まとめ

（1）求められるリカレント・モデル構築のための要素と課題

　求められる理想のリカレント・モデルの構築のために、まず日本の大学院教育の課題の整理を中央教育審議会大学分科会大学院部会の資料を中心に整理した。その中で、「知のプロフェッショナル」育成のためのリカレント教育において、①社会人が学修しやすい学修環境の整備、②社会で生起する現実的な課題に応える研究内容の実践性の担保、③人文社会系大学院における博士号取得の長期化、④修了者のキャリアアップにつながる学位の社会的認知や制度の学位と職を繋ぐ社会的支援の構築、等の課題が捉えられた。

　このことを踏まえながら教育系博士課程の課題を整理すると、同様の課題が整理された。具体的には、①学位と職の乖離の問題、②社会における学位への認知と期待の低さ、そのことが、③社会的支援（経済的、時間的等）の脆弱さと繋がっていることが整理された。これら課題が構造的に繋がりその課題解決の道筋として、④生起する教育問題を解決に導く実践性の高度化が捉えられた。そして、実践性が担保された教育系博士課程のリカレント・モデル構築は、学修者個人としてのキャリア形成とともに日本の教育の質的改善という公益性をもたらすことが捉えられた。

　これら課題を踏まえ、日本の教育系博士課程が抱える構造的な課題解決の在り方を構想するために、学位と職の結びつきが制度化され、リカレント・モデルが一定程度構成されているアメリカの教育系博士課程の実態や改善の歴史か

ら捉えることを構想した。その結果、アメリカにおいては、Ph.D. と Ed.D. の２つの学位を基軸としたそれぞれの学修者のリカレント・モデルが構成され、特に、Ed.D. において学位と職を結び付ける実践性を担保するためのカリキュラム改革が進められ、その中で実践性と学術性の高度化が歴史的に進められてきたことが捉えられた。

　これらの知見は、日本の教育系博士課程におけるリカレント・モデルの構築に留まらず、生起する教育問題を理論的、実践的に解決することを具現化する実践性の高度化を生み出すことに繋がる。さらにそのことが教育系博士課程への社会的認知と期待を高め、学修者の経済的、時間的な支援を社会的システムとして構成することに繋がることが期待される。この社会的支援は、学修者の学修への専念できる環境づくりに繋がり、履修期間の長期化の問題解決のみならず、生成する実践的な知見の高度化をさらに生み出すことに繋がると考える。

　この点においては、国としての学位に関する社会的認知を促し、学修者の学ぶ環境を整える制度的支援も求められる。

（2）これまでの日本における大学院改革の取り組みの整理と課題
① 大学院教育における実践性を重視する日本の教育行政と各大学の取り組み

　博士課程の前提となる大学院教育において、平成20年度より教職大学院が設置され、理論と実践の往還による教員の実践力育成が進められてきた。教科系の修士課程の教職大学院化も進められ、教職大学院制度の定着と今後の更なる充実が期待されている。大学院教育の高度化により、学校教育において生起する教育問題へ対応できる実践性の向上が求められている。

② 教職大学院から教育系博士課程への接続の課題

　「教員需要の減少期における教員養成・研修機能の強化に向けて」（文部科学省2017）において、教職大学院で得られる学位「教職修士（専門職）」の上に置く、実践性を重視した博士の専門学位が求められることや、Ed.D. を含めた制度改革の必要性を指摘する一方で、日本においては、未だ Ed.D. について具体的に制度改革を検討できる段階に至っていない、という指摘もなされている。

文部科学省（2017）では、「将来的な方向性について検討すべき」であるという記述に留められている。

（3）リカレント・モデル構築の方向性と日本の社会的背景の構造的な課題

　そもそも「リカレント教育」という概念は、個人の人生の豊かさを広げることを目的とした「生涯学習」という概念と異なり、キャリアアップやキャリアチェンジを前提としての学びであり、職と繋がる学び直し（リカレント）として位置付けられる。

　しかし、日本においては、これまで終身雇用、長期雇用を前提とした社会の構造的な背景があり、欧米のように学位と職が結びついたリカレント教育そのものがあまり発達せず、学位と職の繋がりの脆弱性が指摘される。

　このような社会背景の中で、１つの職に留まることを「よし」とする日本の職業観もあり、社会人としての職能成長も職場の中で育成されるという経験主義的な観念が根強くあることが推察される。それは、学校教育における教員という職業においても同様の認知が散見される。

　しかし、生起する問題の多様化と複雑化の中で、これまでの教員の勘と経験にのみ依拠した教育では限界を超えている実態が指摘されている。教育系博士課程の在り方を問い直し、上述で整理された課題を解決する構造的な改革が求められている。

　その際、日本の社会構造的な背景や教員の職業観や専門性を鑑みて、即時の学位と職の制度化が有効に機能するかは不明である。それぞれの教職大学院と教育系博士課程において、研究者育成と実践者育成に繋がるリカレント・モデルを構築する効果的なカリキュラムの開発や学ぶ環境の整備等の努力が求められていると考える。

（4）日本におけるリカレント・モデル構築の２つの方向性の検討

　これまでの議論を踏まえて、日本におけるリカレント・モデル構築の２つの方向性が捉えられる。１つ目の方向性は、Ph.D. と Ed.D. の枠組みを構成し、明確に研究者育成と実践者育成を別ルートとすることである。このことで学位と職の繋がりを明確化し、学修者のリカレントの目的を明確化することとなる。

2つ目の方向性は、Ph.D. の枠組みを活かしながら実践性の高いカリキュラムを構成し、研究者育成においても、実践者育成においても実践性の高度化を目指すルートである。

この2つの方向性には、それぞれ課題が残されている。1つ目の Ph.D. と Ed.D. を分ける、もしくは Ed.D. へ移行する場合、実践性を担保するカリキュラムの構成と大学教員の人材確保の課題が生じてくる。CPED においても課題となった学校現場で生起する課題を解決に導くカリキュラムの開発とその指導者のとなる教員の実践性（学術性も）の担保の課題である。例えば、教職大学院の設置においては、実務家教員を4割以上配置することが求められ、学校現場や教育委員会から採用されることで人材が確保された。しかし、博士課程の教員の資格審査をクリアする人材を学校現場等から確保することは困難と考えられる。

一方、Ph.D. の枠組みを活かしながら実践性の高度化をどのように図るか、という課題が指摘される。この課題に応える枠組みとして、指導のチーム制が考えられる。実践的な課題をテーマにした研究を進める際に求められるのが学際性である。この学際性を担保する可能性があるのが指導教員のチーム制である。主指導教員と副指導教員を含め、講座内外の複数の教員にアクセス可能な指導体制を整えることが考えられる。現在保有する学術的研究者と実務経験を有する実践的研究者がそれぞれの専門性を活かした有機的な指導体制の構築が必要であり、有効であると考える。

このことで、実践に寄与する研究的知見を蓄積する研究者育成と実践的な課題解決策を産出する実践者育成を可能にする指導体制を構成することが可能となると考える。

以上の2つのルートに内在する課題を克服し、リカレント・モデルの構築を目指すことが求められるが、どちらにしても学位と職を結びつける学術性を担保した実践性の高度化が求められ、生起する教育課題を解決する教育の内実を生み出す教育系博士課程の構造的な改革が求められる。そして、この実践性の高度化が学位と職を結び付ける社会的認知を促すこととなる。

また、一方で、この社会的認知を促すアプローチとして、国からの制度的な枠組みの構成が同時に求められる。博士課程進学者の背中を押す学びやすい環

境の整備や、学位取得者にキャリアアップ、キャリチェンジのインセンティブを与える制度設計等である。

　いずれにしても日本の社会の文化的背景を踏まえながら、かつ、「知のプロフェッショナル」を機能的に育成することが求められている次世代の人材育成につながる教育系博士課程の構造的な再設計が強く求められていることが指摘される。

【引用・参考文献】

福留東土（2012）「大学院教育と研究者養成 —日米比較の視点から—」『名古屋大学高等教育研究』第12号、pp.237-256

今津孝次郎（2011）「教育専門職博士課程 Ed.D. の可能性と課題」『日本教師教育学会年報』20巻 pp.8-17

国立教育政策研究所（編）（2021）『TIMSS2019算数・数学教育／理科教育の国際比較 —国際数学・理科教育動向調査の2019年調査報告書』明石書店

倉本哲男（2019）「アメリカにおける Ed.D. カリキュラムの研究：ハワイ州立大学（University of Hawaii）の Ed.D. 指導論を事例に」『アメリカ教育研究』American educational studies／アメリカ教育学会編、pp.29-43

黒田友紀（2014）「米国における専門職学位 Ed.D. をめぐる議論の検討」『教科開発学論集』第 2 号、pp.149-157

文部科学省（2022）「人文科学・社会科学系における 大学院教育改革の方向性」（中間とりまとめ）令和 4 年 8 月 3 日、中央教育審議会大学分科会大学院部会

文部科学省（2021）「「令和の日本型学校教育」の構築を目指して —全ての子供たちの可能性を引き出す、個別最適な学びと、協働的な学びの実現—（答申）」令和 3 年 1 月26日、中央教育審議会

文部科学省（2019）「2040 年を見据えた大学院教育のあるべき姿〜社会を先導する人材の育成に向けた体質改善の方策〜（審議まとめ）」平成31年（2019年）1 月22 日、中央教育審議会大学分科会

文部科学省（2019a）「大学院におけるリカレント教育に係る理想、現状、求められる取組の例」中央教育審議会大学分科会大学院部会第95回資料 3 - 3

文部科学省（2019b）「リカレント教育に関連するデータ（1）（2）」中央教育審議会大学分科会大学院部会第95回資料 3 - 4

文部科学省（2018）「将来構想に関する答申（案）における大学院に係る記載のイメージ」中央教育審議会大学院分科会大学院部会第87回資料 3

文部科学省（2017）「教員需要の減少期における教員養成・研修機能の強化に向けて —国立教員養成大学・学部、大学院、附属学校の改革に関する有識者会議報告書—」平成29年 8 月29日、国立教員養成大学・学部、大学院、附属学校の改革に関する有識者会議

小川佳万（2002）「学位からみたアメリカの教育大学院 —その特質と問題点」『名古屋大学高等教育研究』第 2 号、pp.161-184

欧州高等教育大臣会合（パリ会合）（2018）https：//qaupdates.niad.ac.jp/2018/06/19/paris2018052425/（閲覧日：2023/ 1 /20）

Shulman,Lee S., Golde,Chris M., Andrea Conklin Bueschel,and Garabedian, Kristen J. 'Reclaiming Education's Doctorates：A Critique and a Proposal', Educational Researcher, Vol.35, No.3, 2006, pp.25-32.

（久我直人）

第3章

連合大学院博士課程の運営

1 | 兵庫教育大学大学院連合学校教育学研究科の組織と運営 ……

　兵庫教育大学大学院連合学校教育学研究科（以下「連合大学院」とする）は、実証的な研究方法を用いることにより、学校教育にかかわる多様な教育実践や教育に関する諸課題の改善・改革に貢献するとともに、「教育実践学」を確立し、高度な研究指導能力を有する実践者及び実践に根ざした研究者を育成することを使命としている。本研究科は平成8（1996）年4月、兵庫教育大学を基幹校とし上越教育大学、岡山大学教育学部、鳴門教育大学を参加校とする4大学の連合学校教育学研究科（学校教育実践学専攻及び教科教育実践学専攻）として発足した。平成21（2009）年には、本書のテーマとかかわりが深い先端課題実践開発専攻を設置している。また、平成31年（2019）年4月からは、岐阜大学教育学部及び滋賀大学教育学部が構成大学に加わり6大学の連合となった。令和3年（2021）年度現在で、これまでの入学者総数は759人、令和3年3月までに課程博士として353人、論文博士として157人に学位が授与されるに至っている。

（1）教育実践学の構築

　岩田（2006）は、「教育実践学」の体系化への方向性を示し、本研究科が「学校教育における教育を中核的な研究対象」としており、さらに、「学校教育の中の実践に焦点を当てている」として、家庭教育、学校教育、教養教育など、人間形成にかかわる領域すべてを含み込んでいる「教育学」との相違を整理した。一方で、「教育実践学」は、学校における教育活動や学校において発生す

る現象に焦点を当てつつ、学校における教育活動が学校の外部社会との繋がりをもって展開していることに鑑み、教育活動や現象が学校の外部社会とどのように関連しあっているかを慎重に判断し、必要な限りにおいて、考察の範囲を広める必要もある（若井 1999）。

これらの議論を経て、教育実践学において学問研究を展開していくためには、次の5条件が必要になる（岩田 2006）とされた。

① 独創的な理論から生み出された実践、あるいは、実践から生み出された独創的な理論のいずれかがあり、理論から実践への過程が明示的に示されていること。

② 理論や実践が客観的な分析や批判に耐えられる形で提示されていること。

③ 理論、実践が研究される過程で、子どもの学びとどのように結びつくのかについての考察がなされていること。

④ 社会とのつながりを保っていること。

⑤ 非実践学との違いを明示的に示すことができる研究内容であること。

「教育実践学」の学問体系構築のために、研究科における教育研究指導が研究科の設置理念・存在理念に沿って進められてきた（濱名 2000）。これらの諸観点は、現在に至る教育実践学の基本的必要条件として連合大学院において継承されているものであるといえる。

（2）教育実践学構築のための研究活動

連合大学院では、平成12（2000）年より『教育実践学論集』を刊行し、現在研究科所属の学生、教員及び構成大学所属教員を代表とする教育実践学の構築と発展に資する研究を掲載する学術論文誌として令和3年度現在で第23号を数えるに至っている。『教育実践学論集』が発刊された最大の目的は、「教育実践学」という学問体系を新たに構築し、研究科の独自性を作り出して行くという課題達成活動を支援することにある（濱名 2000）。

当初、連合大学院は、学校教育学研究科として1つのまとまりをもってはいるものの、全体としては多くの学問分野を包括する研究科であるという側面も見られ、教育実践学という学問体系に関する概念や方法論に対する共通の理解

を持つことができるよう、それぞれの学問分野からの具体的な研究成果を集めて相互に吟味し認識し合う必要があった。「教育実践学」の構築を意図した研究科論文集の発行は、その具体的な手段としてきわめて適切なものである（濱名2000）といえる。

　本論集では、学術水準維持のために3名によるレフェリー制度を設けて論文掲載にあたって厳正なる審査が行われている。ちなみに、学位取得にあたっては、本誌を含めレフェリー査読が課された日本学術会議協力学術団体に属する全国規模の学会誌などへの複数の掲載が条件づけられている。

　本研究科では、他にも国際インターンシップ、国際学会派遣など、大学院生の研究支援を進めるとともに、連合大学院の特色を生かした共同研究プロジェクトを立ち上げるなど、6大学の研究者の密接な連携のもとで研究が推進されている。個々の教員・大学院生による研究と共同研究プロジェクトを車の両輪として、教育実践学の発展に寄与し、研究成果を広く社会に還元することが奨励されているのである。

2 ｜ 連合大学院の現状とリカレント教育

　連合大学院のこれまでを概観するために、5年単位を1期として集計し5期25年間（表1）における連合大学院学生の変遷を概観する。この間の志願者・入学者、修了者などにかかわる現職教員の動向に着目すると、連合大学院が学校教育にかかわる教育実践や教育に関する諸課題の改善・改革に貢献し、「教育実践学」の確立に寄与する場として定着しつつあることがわかる。

表1　本章における各期の期間
（5年間を1期とした分類）

期	年度
Ⅰ期	平成8〜12年度
Ⅱ期	平成13〜17年度
Ⅲ期	平成18〜22年度
Ⅳ期	平成23〜27年度
Ⅴ期	平成28〜令和2年度

連合大学院は、高度な研究指導能力を有する実践者及び実践に根ざした研究者の育成に寄与することを使命としている。現職教員にとってのリカレント教育や大学などにおける教職課程担当者としてのキャリア形成の場としての連合大学院の現状について、統計資料（兵庫教育大学連合学校教育学研究科 2021）をもとに検証する（ここでは、個人に関する情報についてはふれず、統計資料の部分のみを参考にする）。連合大学院の変遷をみると、時期を経るにつれて現職教員が「教育実践学」を研究する場として位置付いていく過程が示されている。

（1）連合大学院志願者・入学者の年代・職業別変遷

　この間、連合大学院に進学しようとする学生の各期における志願者数はⅠ期247人→Ⅱ期271人→Ⅲ期275人→Ⅳ期274人→Ⅴ期278人とほぼ一定であった。年齢別の志願者割合の推移を見ると、20歳代（Ⅰ期36.4%→Ⅴ期19.8%）の減少が顕著である。一方50歳代（Ⅰ期4.9%→Ⅴ期18.7%）では増加の傾向を示しており、総じて志願者の年代は、当初の20・30歳代の若年層中心から年代の均一化傾向への変化が見られる（図1）。このような傾向は、年齢別入学者割合の推移においても同様である。20歳代（Ⅰ期37.6%→Ⅴ期18.6%）の入学者が占める割合には減少傾向が見られ、50歳代では上昇傾向（Ⅰ期6.0%→Ⅴ期16.9%）が見られる分布を示している（図2）。

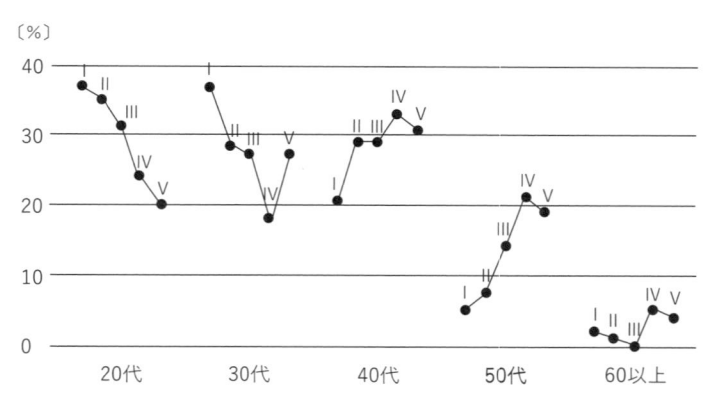

図1　5年単位の年齢別志願者割合の推移（%）

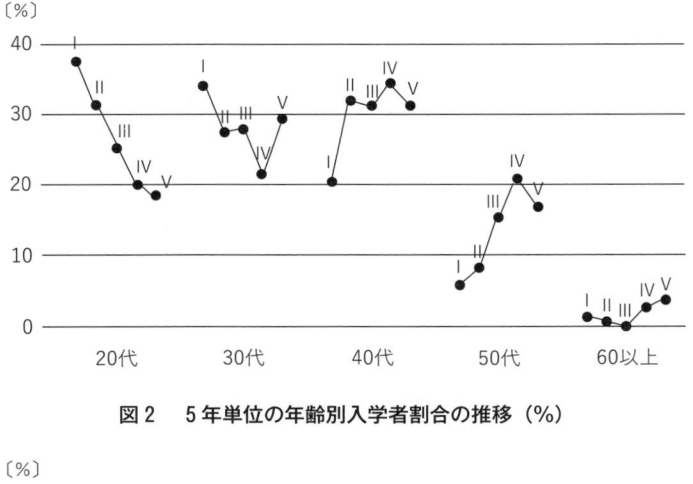

図2　5年単位の年齢別入学者割合の推移（%）

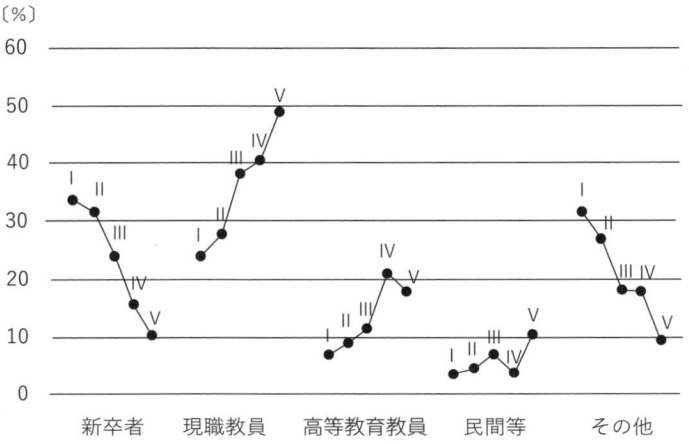

図3　5年単位の職業別志願者割合の推移（%）

　一方、職業別志願者の推移の傾向では、「新卒者」（Ⅰ期33.6%→Ⅴ期10.4%）、及び無職・研究生・非常勤の教職員等の「その他」（Ⅰ期31.6%→Ⅴ期9.7%）に顕著な減少傾向がみられる。一方では、幼児・初等・中等教育の「現職教員」（Ⅰ期21.9%→Ⅴ期47.5%）の増加傾向が顕著である。また、大学・短期大学・高等専門学校などの「高等教育教員」（Ⅰ期6.9%→Ⅴ期18.4%）にも増加傾向を見ることができる（図3）。

なお本資料では、「新卒者」は、入学志願年度の前年度３月末に修士課程を修了した者（現職教員の修了者を除く）、「現職教員」は、幼稚園・小学校・中学校・高等学校・中等教育学校・特別支援学校の現職教員、「大学・短大」とは、高等専門学校・短期大学・大学の教員、「委員会」には教育委員会関係機関等の勤務者、「民間等」は、民間会社・病院・公務員（教員を除く）等の勤務者、「その他」は、無職・研究生・非常勤の教職員等で分類されている（図４）。

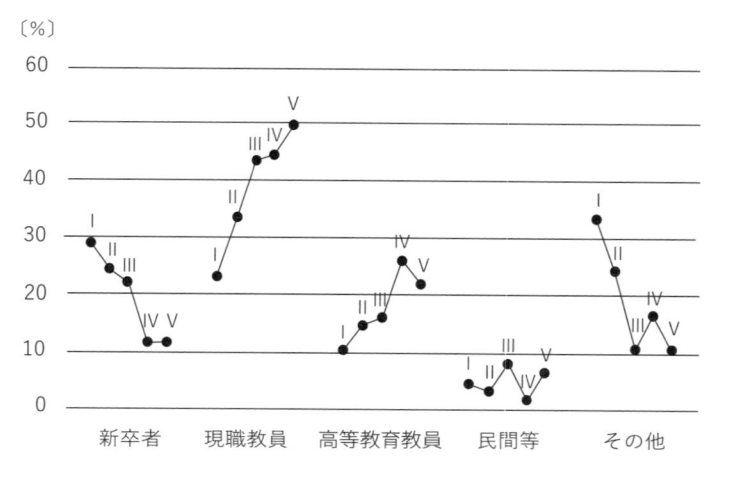

図４　５年単位の職業別入学者割合の推移（％）

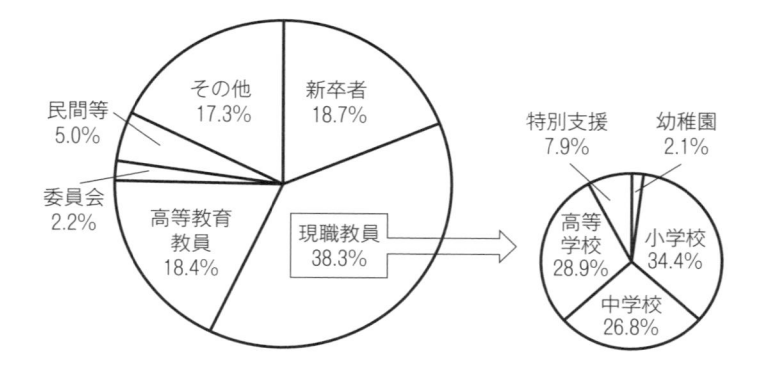

図５　全入学者の職業別内訳

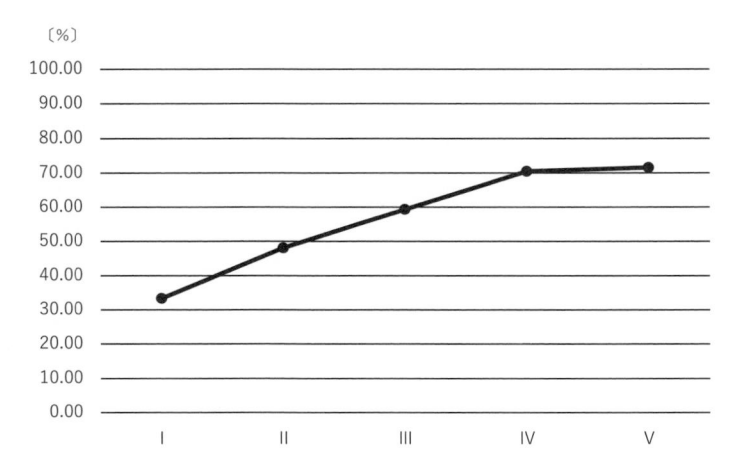

〔%〕

図 6　全入学者に現職教員が占める割合

　全入学者の職業別内訳をみると、現職教員（幼・小・中・高）が38.3％を占めており最も高い（図 5）。また、全教員（幼・小・中・高＋短大・4 大・高専）の占める割合は上昇傾向（Ⅰ期33.3％→Ⅳ期70.5％）を示し、Ⅴ期（71.5％）ではⅣ期と同水準を維持している。（平均では56.4％）リカレント教育としての連合大学院への期待が増していることを読み取ることができる（図 6）。

（2）連合大学院入学者のその後

① 連合大学院の学位取得状況

　平成 8 年度の入学生から平成27年度まで（Ⅰ～Ⅴ期）における連合大学院の学位授与状況を整理すると、学位取得に至った割合は58.7％であった。標準年限（3 年）での取得者の割合は31.7％となっている。一方、単位取得満期退学者（修了要件としての単位を取得しているが、学位取得にまでは至らず退学した学生）は33.5％であった（図 7）。

　単位取得満期退学者には、その後論文博士を取得する場合もあり、論文博士の学位取得者の最終学歴は、連合研究科の退学者が 4 割弱を占めている。単位取得満期退学者も博士の学位取得にまで至る割合は一定数を数えており、令和 2 年度までの間に58名が連合大学院を単位取得満期退学後に論文博士として学

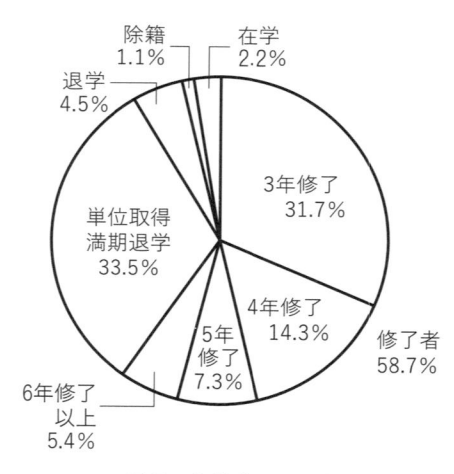

図7　入学者のその後

位を取得している。単位取得満期退学者のうち3分の1程度の者が学位取得に至っていることがわかる。

　なお、論文博士取得者では修士課程修了者が約6割を占めている。また、中には学部卒業者もわずかではあるが存在する。また、論文博士では、大学教員が63.1%、学校関係者学校教員が29.3%（指導主事を含む学校教員）を占めており、社会人として研究業績を積み重ねて学位取得に至った者が多く含まれていることがわかる。

② 修了・退学者の進路

　修了・退学者のその後の状況を図8・9に示す。修了者と単位取得退学者、その他（退学・除籍）の者のその後の就労状況をみると、多くの者が大学・短期大学・高専門学校に就労している（図8）。修了者と単位取得満期退学者を比較（図9）すると、修了者の4分の3は大学・短期大学・高等専門学校に勤務しており、単位取得満期退学者においても約6割が大学・短期大学・高等専門学校に勤務している。入学時点では大学・短期大学・高等専門学校に勤務している者が2割に満たないことを考えると、大学・短期大学・高等専門学校への連合大学院修了・退学後の就職者があることがわかる。

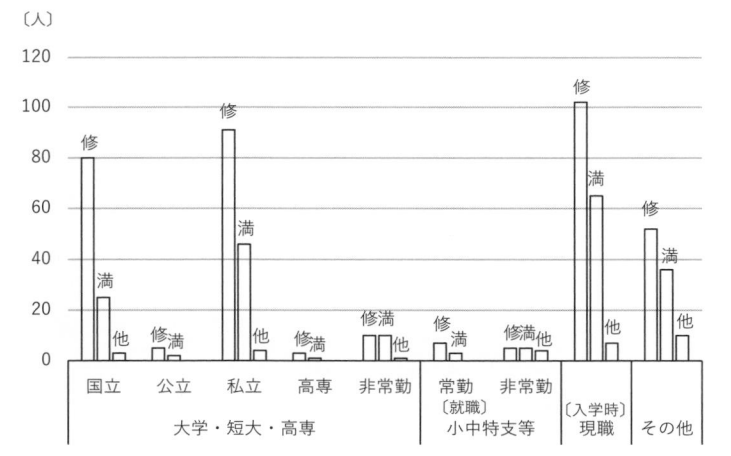

修：修了者
満：単位取得満期退学者
他：上記以外の退学者等

図8　修了・退学者の進路

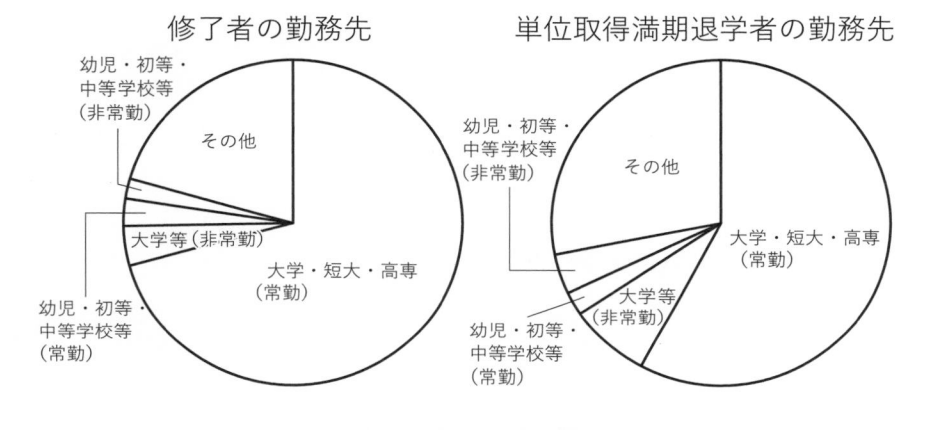

図9　修了者・単位取得満期退学者の就労状況

（3）連合大学院修了者の現状と連合大学院への評価

　令和4年6月、連合大学院修了後3年以上経過した当該修了者の就労・雇用状況等の実態調査が実施された。対象者は平成26年度修了生（15人）・平成30

年度修了生（20人）の計35人であった。回答は32人（91.4%）から寄せられた。

　大学・短期大学・高等専門学校に勤務している者は27人（84.4%）、幼・初等・中等教育等に従事している者は2人（6.3%）であった。心理臨床に従事しているという回答も1件みられた。回答者のうち大学・短期大学などへの勤務者においては、回答者の多くが教職課程の担当をしているなど、高度な研究指導能力を有する実践者及び実践に根ざした研究者を育成するという連合大学院の目的に合致した現状にあるということを確認することができる。また、連合大学院での研究生活についての質問に対する回答では、連合大学院での研究生活が「現在の職に活かされているか」という質問に対して28人（87.5%）が「とても活かされている」、3人（2.7%）が「活かされている」と回答しており、多くの回答者にとって連合大学院での学びが現在の職務に活かされていることも確認された。

　連合大学院への意見としては、「教授陣だけでなく、他のコースなど同期で現職の先生方とも繋がりができる」「大学の連合という学べる場が広いことがよい」などがあり、教員・学生間の交流を持つことができる学びの場としての連合大学院への評価が顕著であった。単に個人の研究の深化という個別目的だけに留まらず、連合大学院内における関係性に立脚した学びの場に対するこれらの意見は、連合大学院での学びが「教育実践学」の学位を授与する博士課程としてふさわしい内容を持っていることが示されたものとして意味深い。

3 | 先端課題実践開発専攻の設置

　これまで述べてきたように、本連合学校教育学研究科は、当初教員養成の改善・充実に資することを目的として、学校教育の質的改善・改革に貢献すべく、学校教育実践学と教科教育実践学の構築、及び教員の養成教育を担う指導者の育成をその目的として取り組みが進められた。その後、社会の急激かつ構造的な変化を受けた新たな課題や学校を取り巻く諸課題が複雑化・多様化する中、これらにどう対応するかが緊急の課題であるという認識が持たれるようになった。

この課題に対応するため、高度な専門性を備えた力量ある教員の養成を目的として、平成20年度から新たに教職大学院制度が創設され、学部卒業生を対象とした教育実践高度化専攻（教職大学院）が設置され、指導的教員等の養成が進められてきた。一方、これら多様かつ複雑な諸課題に対応するためには、教員養成の改革とともに、課題解決に資する総合的かつ実践的な研究の一層の推進と理論的な基盤に立って学校現場等に実践的な支援ができる研究者や指導者の養成が強く求められた。

　これらの状況を鑑み、連合学校教育学研究科に新たに「先端課題実践開発専攻」が設置されることになり、学校教育における多様な諸課題を解決するための理論と人材を供給する連合講座として平成21年度に発足した。本書の中心課題である先端課題実践開発専攻の位置付けは、既設の学校教育実践学専攻と教科教育実践学専攻と並列的なものではなく架橋的なものとされ、また、本研究科がこれまで取り組んできた教育実践学構築の相乗的な発展に資するものとされた。

　先端課題実践開発専攻では、今日の多様かつ新たな諸課題の分析等を行う「先端教育課題総合研究」を設定するとともに、「現代教育課題特別研究」など実践的な課題に対応できる科目が設定されている。また研究指導体制でも教育実践実績を持った教員を加えるなどして、教育理論と実践の一層の融合を図り、総合的・学際的な教育研究を行うこととされた。

　「先端課題実践開発専攻」は、次の特色を持っている。

① 既設専攻の研究成果と相俟って教育理論と実践の一層の融合を図り、学校教育における課題解決のための実践的研究の活性化に貢献する。

② 教科横断的な特色あるカリキュラム編成や社会に開かれた学校づくりについて中心的な役割を担える指導主事や教員を養成する。

③ 高度な専門性と実践力を持った教員養成を目指す教職大学院の実務家教員を含め、高度な資質能力を持つ研究者・指導者を養成する。

　これまで述べてきたように、先端課題実践開発専攻は、既設の学校教育実践学と教科教育実践学の両専攻と並立しつつ、両専攻より多様な諸課題を解決するための架橋的な色彩を持つ専攻として位置付けられている。当初から連合大

学院では、多くの学問分野を包括することを目指し、学校教育などにかかわる実践的な研究の位置付けに着目した研究が進められてきたが、先端課題実践開発専攻には、多様な対応が常に求められる学校現場をより課題の中心に据えた、研究と実践の往還による研究の推進、リカレント教育の場としての期待がより大きいといえよう。

【引用・参考文献】

濱名外喜男（2000）「教育実践学論集の発刊に当たって」『教育実践学論集』第1号、兵庫教育大学大学院連合学校教育学研究科、p.iii

兵庫教育大学連合学校教育学研究科（2021）「兵庫教育大学大学院連合学校教育学研究科の現状等について」（未刊行）

岩田一彦（2006）「教育実践学の理念」兵庫教育大学連合学校教育学研究科編『教育実践学の構築 ―モデル論文の分析と理念型の提示を通して』東京書籍、pp.10-21

若井彌一（1999）「教育実践学の必要性とその構築の展望」『教育実践学の構築』兵庫教育大学大学院連合学校教育学研究科 pp.23-27

（松本　剛）

第4章

先端課題実践開発連合講座の設置の趣旨と博士論文題目への着目

1 博士課程におけるリカレント教育と本研究の目的

　本研究は、兵庫教育大学大学院連合学校教育学研究科（以下、必要に応じて「連合大学院」と略す）の先端課題実践開発専攻先端課題実践開発連合講座（以下、必要に応じて「本講座」と略す）を考察対象として、リカレント教育の課題を明らかにするものである。本章では、その基礎的段階として、本講座の設立趣旨と実績を照合し、今後求められる方向性を検討する。

　文部科学省（2019）が大学院の役割として「知のプロフェッショナル」の育成を求めたことからもわかるように（第1章参照）、近年、専門分野における能力及び自らの市場価値の向上を求めたり、それに伴って転職を志望したりする社会人を対象とした、博士課程のリカレント教育が注目され、大学院教育の改革の必要性が示されている。

　また、2019（令和元）年12月24日、「2020（令和2）年度連合学校教育学研究科共同研究プロジェクト」として、「先端課題解決に向かう実践的教育研究とそれに基づく研究リカレント化モデルの可能性」の採択が決定された。その研究課題は、「先端課題解決研究に関わる実践的教育研究者（現職教員・現職大学教員）育成のための高等教育研究リカレント・システムの可能性を探る」というものである。

　博士課程では、社会を先導する課題発見及び課題解決能力の育成が求められる。リカレント教育について論考する上でも、時代のニーズに適合した人材の育成が前提である。本講座におけるリカレント教育の質を向上させるためには、その前段階として、本講座のこれまでの実績を評価し、研究課題や学生指導の

在り方を再検討する必要がある。具体的な研究手段としては、まず、連合大学院の設立とその背景を述べ、先端課題実践開発専攻先端課題実践開発連合講座新設の経緯について概論する。

　次に、連合大学院本講座の意義とその特徴について、文部科学省との折衝資料等を基礎に概説する。最後に、連合大学院本講座の13年間（2021年3月までのデータを調査対象とする、以下同様とする）の研究動向を確認する。以上のことから見出された課題をリカレント教育の観点から論考する。

2 　兵庫教育大学大学院連合学校教育学研究科の設立とその背景

　まず、Webサイト上の連合大学院ホームページの「沿革」から重要な項目を抜粋し、設立の経緯を再確認する。兵庫教育大学大学院連合学校教育学研究科の設立は、1996（平成8）年4月である。国立学校設置法施行令等関係法令の施行により、兵庫教育大学、上越教育大学、岡山大学、鳴門教育大学を構成大学として設置された。当初の入学定員は24人であり、4月26日に連合学校教育学研究科第1回入学式が挙行された。先端課題実践開発専攻の設置は、その13年後の2009（平成21）年4月である。そして、2016（平成28）年4月、入学定員が24人から32人に増員された。さらに、2019（令和元）年4月、岐阜大学と滋賀大学が加わって構成大学が6大学になると同時に、入学定員が32人から36人に増員された。次に、連合大学院の「設置の趣旨・目的」を全文引用し、**資料1**に示す。

　連合大学院は、「学校教育において発生する課題」を直視し、現代日本社会が、教員養成大学に要請する「学校教育の質的改善・改革」に着目している。そのための学校教育教員の新たな具体像として、「学校教育の在り方に関する識見」や「教育実践を遂行し得る資質と総合的な力量」が求められていることを述べている。これらは、当然といえば当然のことであって驚くような事柄ではない。しかし、時代の推移とともに社会における様々なことが変化しても、学校教育教員が担う内容に本質的な変容があるとは思えない。それは、次世代

資料1　兵庫教育大学大学院連合学校教育学研究科の設置の趣旨・目的

　　近年の科学技術の高度化、社会の成熟化、児童・生徒を取り巻く教育環境の著しい変化に伴い、**学校教育の現実において発生する課題**は、多岐にわたり複雑化しており、このような状況の中で、**教員養成大学**には、21世紀の学校教育を洞察し、将来を見通した**学校教育の質的改善・改革への寄与**が強く求められている。

　　また、急速な科学技術の進歩と社会の多様化の進行に対処するため、**学校教育を担う教員**には、**学校教育の在り方に関する識見を持ち**、個々の地域や現場での条件にも即応した**弾力性のある教育実践を遂行し得る資質と総合的な力量**の一層の向上が強く求められている。

　　このような学校教育を取り巻く諸問題を背景として、兵庫教育大学、上越教育大学、岐阜大学、滋賀大学、岡山大学及び鳴門教育大学の6大学が連合して後期3年のみの博士課程を設置し、以下の点を通して**教員養成の改善・充実に資する**ことにより、**学校教育の質的改善・改革に貢献しよう**とするものである。

① 総合的・学際的な視点から学校における教育諸活動及び教科の教育活動に関する実践的研究を通して、今日の教育課題の解決に資する、<u>実践に根ざした**学校教育学**</u>の一層の推進とその方法の確立を図る。

② 上記の研究を通して得られた成果を基に、**実践的能力を養う教育プログラム**を確立し、**教員養成大学等に供給**する。

③ 学校教育現場の実践的な経験を持ち、実践に根ざした**学校教育学**を教育研究できる**人材を育成**し、教員養成大学等に供給する。

④ 実践的研究に裏付けられた研究能力を持って**指導的役割を果たす専門的職業人**を育成し、都道府県教育委員会の教育センター等の各段階における現職研修の充実に指導的役割を果たす**人材**を供給する。

(註：下線と太字は、筆者による。また、読みやすさを優先して、文章の一部を「ですます調（敬体）」から「だである調（常体）」にした。)

育成であり、新しい日本人の育成である。そこで連合大学院は、「後期3年のみの博士課程を設置」して、「教員養成の改善と充実」を目指し、「学校教育の質的改善や改革に貢献」することを設置の目的とする。その具体な目標として、①「学校教育学の推進と方法の確立」、②「教育プログラムの供給」、③「学校

教育学を教育研究分野とする人材の育成と供給」、④「現職研修の充実に指導的役割を果たす専門的職業人の育成と供給」を掲げている。以上のことは、リカレント教育の充実においても重要な視点であり、学生指導の前提として、引き続き意識する必要がある。

3 | 先端課題実践開発専攻の設置の趣旨と 教育課程編成の特色

本講座の設置の趣旨について、『兵庫教育大学大学院連合学校教育学研究科先端課題実践開発専攻設置報告書』（以下『設置報告書』と略す）から関連する記述を抜き出し、**資料2**として引用する。

資料2　兵庫教育大学大学院連合学校教育学研究科先端課題実践開発専攻の設置の趣旨

　　本連合学校教育学研究科は、兵庫教育大学、上越教育大学、岡山大学及び鳴門教育大学の4大学が連合して後期3年のみの博士課程として1996（平成8）年に設置され、今日まで**教員養成の改善・充実に資することにより学校教育の質的改善・改革に貢献すべく、学校教育実践学と教科教育実践学の構築と教員の養成教育を担う指導者の育成**に取り組んできた。

　　社会の急激かつ構造的な変化を受けた新たな課題や学校を取り巻く諸課題が複雑化・多様化する中、これらにどう対応するかが緊急の課題となっている。このため、高度な専門性を備えた力量ある教員の養成を目的に、2008（平成20）年度から新たに教職大学院制度が創設され、本学においても学校教育研究科に教育実践高度化専攻（教職大学院）を設置し鋭意、指導的教員等の養成を進めている。

　　一方、これら多様かつ複雑な諸課題に対応するためには、教員養成の改革とともに、**課題解決に資する総合的かつ実践的な研究**の一層の推進と理論的な基盤に立って**学校現場等に実践的な支援ができる研究者や指導者の**養成が強く求められる。このため、連合学校教育学研究科に新たに「**先端**

課題実践開発専攻」を設置し、学校教育における多様な諸課題を解決するための理論と人材を供給するものである。

　先端課題実践開発専攻の位置づけは、既設の学校教育実践学専攻と教科教育実践学専攻と**並列的なものではなく架橋的なもの**とし、本研究科がこれまで取り組んできた**教育実践学構築の相乗的な発展**に資するものとする。

　先端課題実践開発専攻では、今日の多様かつ新たな諸課題の分析等を行う「**先端教育課題総合研究**」を設定するとともに、「**現代教育課題特別研究**」など実践的な課題に対応できる科目を設定している。また研究指導体制でも**教育実践実績を持った教員を加える**などして、**教育理論と実践の一層の融合を図り、総合的・学際的な教育研究**を行う。

　これらを通じて、①既設専攻の研究成果と相俟って**教育理論と実践の一層の融合を図り**、学校教育における課題解決のための**実践的研究の活性化に貢献する。②教科横断的な特色あるカリキュラム編成や社会に開かれた学校づくり**について中心的な役割を担える**指導主事や教員を養成**する。③高度な専門性と実践力を持った教員養成を目指す**教職大学院の実務家教員**を含め、高度な資質能力を持つ**研究者・指導者を養成**する。

（註：元号の前に西暦年を付すこと及び下線と太字は、筆者による。）

　第1段落では、連合大学院が1996（平成8）年に設置されてから12年間にわたって、「学校教育実践学と教科教育実践学の構築」と「教員の養成教育を担う指導者の育成」に取り組んできたことが記述されている。第3段落では、「教育実践高度化専攻（教職大学院）」設置の経緯を説明した第2段落を前提に、「総合的かつ実践的な研究」や「学校現場等に実践的な支援ができる研究者や指導者の養成」の必要性を説き、「学校教育における多様な諸課題を解決するための理論と人材を供給」するために先端課題実践開発専攻を設置すると述べられている。鍵言葉（keyword）として、「実践的な」という用語が文章中に何度も使われ、専攻名にも反映されていることが確認できる。

　第4段落では、先端課題実践開発専攻の位置づけは、既存の「学校教育実践学専攻」と「教科教育実践学専攻」との「架橋的なもの」であることが強調さ

れ、「教育実践学構築の相乗的な発展」が期待できると謳われている。第5段落では、「先端教育課題総合研究」「現代教育課題特別研究」等の新設授業科目の内容と、研究指導体制に「教育実践実績のある教員」を加え、「教育理論と実践の融合」や「総合的・学際的な教育研究」が行われることが、明言されている。第6段落では、先端課題実践開発専攻が、具体的な目標として、①「教育理論と実践の融合」と「実践的研究の活性化」、②「教科横断的なカリキュラム編成」や「社会に開かれた学校づくり」を担う「指導主事や教員の養成」、③「教職大学院の実務家教員を含めた研究者・指導者の養成」をすることが、明確に述べられている。

　『設置報告書』の他に、連合大学院ホームページに本講座の設置の意義が公開されている。その内容を、下線と太字を付しながら概観する。ホームページでは、「先端課題実践開発専攻では、学校教育に関する**学術研究の成果**と学校現場における質の高い**教育実践に裏付けられた実践知**とを融合することによって、学校における先端的な諸課題の解決に向けた取組を科学的な基盤の上で展開する**実践的プログラムの開発研究を行う**」や「本連合講座では、教育理論と実践の一層の融合を図り、学校教育における課題解決のための実践的研究の活性化に貢献し、教科横断的な特色あるカリキュラム編成や社会に開かれた学校づくりについて中心的な役割を担うことのできる人材の養成、高度な専門性と実践力を持った教員養成を目指す教職大学院の実務家教員を含め、高度な資質能力を持つ研究者あるいは指導者の養成を目標とする」という記述がある。先端課題実践開発専攻が、「学校教育に関する学術研究の成果」と「教育実践に裏付けられた実践知」を「融合」させ、「実践的プログラムの開発研究」を行う講座であることが、改めて確認できる。

　次に、本講座の教育課程編成の考え方・特色を概観する。本講座では、「教育科学、教科教育学及び教科専門科学の各専門分野の枠にとらわれない各専門領域を有機的に統合した授業科目（総合共通科目・専門科目・課題研究）」が開設されている。「総合共通科目」「専門科目」「課題研究」の内容は、**資料3**に示す通りである。

① 総合共通科目

　学校教育学に関する幅広い学識と高度の専門性を修得させることを目的
とし、本研究科を構成する4大学の教員が共同で開設し、<u>夏期と春期にそ
れぞれ2泊3日合宿方式</u>により実施する。

　この総合共通科目は、教育実践学の構築に関わる教育研究の遂行にあ
たって、**教育課題を的確に把握し、課題解決の方略を提示**することのでき
る**総合的な資質・能力の育成を主要な目的**とする。

　具体的には、<u>多様な調査方法や統計に関する知見を広め</u>、**教育実践的課
題の探求**につながる**内容学・方法学の考察を行う**とともに、実践研究課題
を学生同士が共有し、共同的な研究活動を総括し、**社会的・国際的な情報
発信**につながる**総合的な検討・交流の機会を提供**する。

② 専門科目

　基本科目として、専門科目に「**先端教育課題総合研究**」を設定する。

　ここでは、現代社会に生じる主たる先端教育諸課題を取り上げ、それら
の課題の構造的諸要因を分析し究明する。

　「先端教育課題総合研究」を踏まえて、各専門科目においては、1）児童生
徒の「心の教育（道徳教育）」分野、2）「**発達課題**」分野、3）授業におけ
る学習課題（「学習臨床」）分野、4）メディア・コミュニケーションをはじめと
する「**現代的課題**」分野の4本の柱を軸として学校教育にかかわる個別の先
端課題に複眼的な視野でアプローチできるように構成し、<u>具体的な解決のた
めの**実践プログラムを開発**するとともに、その効果の検証方法を明らかにする。</u>

③ 課題研究

　各専門科目で開発された<u>実践プログラムを博士論文に発展</u>させる科目であ
り、学生の研究課題に即して開設する。この課題研究は、主指導教員と副指
導教員により第1年次から第3年次前期までの5学期間を通して開講する。

（註：下線と太字は、筆者による。）

「総合共通科目」は、「教育実践学の構築に関わる教育研究の遂行」のための「総合的な資質・能力を育成」するものである。育成する具体的な資質・能力としては、「調査方法や統計に関する知見」「内容学・方法学の考察」「総合的な検討・交流」である。「専門科目」では、「基本科目」の「先端教育課題総合研究」を基礎に、各専門科目において、「道徳教育」「発達課題」「学習臨床」「現代的課題」の４分野を基軸に、「実践プログラムの開発とその効果の検証方法」を解明する。「課題研究」は、各専門科目で学んだ「実践プログラム」を学位申請論文に発展させるものである。

　また、本講座の教育研究分野としては、「教育心理学」「道徳教育」「発達心理学」「（狭義の）幼児教育」「幼児心理」「保育内容の研究」「教科教育学」「教科内容学」「教育方法学」「学校経営」「キャリア教育」「特別支援教育」「メディア・コミュニケーション学」「社会心理学」の14分野が、用意されている。本講座の設置前、兵庫教育大学大学院連合学校教育学研究科は、「学校教育実践学専攻」と「教科教育実践学専攻」の２専攻から成っていた。それが本講座設置後、「幼児教育（広義）」と「道徳教育」が、学校教育実践学専攻から完全に分離したことにより、本講座のみにある教育研究分野となっている。

4 ｜ 先端課題実践開発専攻の学位論文の研究動向

（1）先端課題実践開発専攻の学位論文題目一覧（課程修了者・論文提出者）

　本講座は設置から13年間で、課程修了による博士の学位取得者を合計32名、論文提出による学位取得者を合計12名出している。それらの学位論文題目一覧を表１に示す。

（2）KH Coder による学位論文題目の分析

　KH Coder は、「テキスト型（文章型）データを統計的に分析するためのフリーソフトウェア」である。その「KH Coder 3（最新版）」を使って、本講座の「設置の趣旨」（資料２）と「学位論文題目（44件）」に見られる用語の頻度を分析・考察してみよう。

表1　兵庫教育大学大学院連合学校教育学研究科先端課題実践開発専攻の学位論文題目一覧

	課程修了による学位取得論文の題目（発表年）
1	小学生のネットコミュニケーションにかかわるモラル学習に関する研究（2012）
2	保護者の学校参加を規定する要因についての研究─S県H市における保護者への質問紙調査を通して─（2013）
3	幼稚園における自然体験による気付きを中心とした保育内容の展開（2013）
4	地図を用いた社会科学習で形成、活用する概念と社会認識形成─中学校社会科地理的分野における授業モデル開発を通して─（2013）
5	国語科における思考指導の在り方に関する研究（2013）
6	美術館における幼児期の鑑賞体験とその援助（2014）
7	特別支援学校と関係機関が連携した要支援の子どもの早期からの地域支援モデルの研（2014）
8	歴史事象の相互連関の導出を組み込んだ実践開発研究─中学校社会科歴史授業における認識の深化を目指して─（2015）
9	保育者養成における人との関わりから展開する即興的な身体表現の実践（2015）
10	高機能自閉症スペクトラム障害者の心理的特性を踏まえた就労支援プログラムに関する研究（2016）
11	算数学習における子どもの自律性の進展とその要因に関する研究─RPDCAサイクルを活かした算数の学び─（2016）
12	高等学校の道徳教育におけるモラル・スキル・トレーニングの開発的研究─定時制高校の事例を中心として─（2017）
13	小学校社会科産業学習論研究（2017）
14	学業的延引行動に関する実証的研究─学業的延引行動の専攻要因と否定的影響について─（2017）
15	添い寝が子どもの心理的発達に及ぼす影響（2018）
16	造形的イメージワークによる保育者の専門性としての自他の発見と受容（2018）
17	医療系大学生への薬物乱用防止教育プログラム開発に関する実践学的研究（2018）
18	主体的な子育ち・親育ちのための子育て支援に関する研究─0, 1, 2歳児の親子の遊びを中心に─（2018）
19	意志決定能力を育成する協働提案型小学校社会科授業モデルの開発研究─意志決定カテゴリーによる授業分析をとおして─（2018）
20	幼稚園教育におけるティーム保育の実践と教師の専門職性（2019）
21	意志決定の合理性を高める社会科授業構成論研究（2019）
22	授業観察実習におけるリフレクションに関する研究（2019）
23	子育て支援を促進する保育者の専門性と力量形成（2019）
24	子育て支援領域における保護者の援助要請と困り感に関する実証的研究（2019）
25	社会的な見方と社会的な考え方の育成を組み込んだ小学校社会科授業構成原理の開発─探究過程における思考の構造を視点として─（2020）
26	子育て意識の変容過程に基づく母親支援の実践開発（2020）
27	批判的思考を育成する思考ツールと学習方略モデルの開発（2020）
28	目標の視点から見た中学校家庭科「家族・家庭生活」領域における授業研究（2020）

29	母親の育児行動における基本的心理欲求充足に関する実証的研究（2021）
30	就学前の学びをつなぐ生活科学習指導の探究―子どもの経験知の見取りに着目して―（2021）
31	幼児用自尊感情尺度の開発と保育実践への応用（2021）
32	中学校家庭科「災害時の食」教育の授業に関する開発研究（2021）
論文提出による学位取得論文の題目（発表年）	
1	幼児期の道徳性の芽生えに関する研究―共に育つ場の形成をめざして―（2010）
2	明治後期の保育内容における「公正さ」に関する研究（2013）
3	幼児期における空想世界に対する認識の発達（2015）
4	行動問題を示す発達障害児をもつ保護者と教師との効果的な連携方法の検討（2015）
5	教育実習カリキュラムによる資質能力形成の評価に関する研究―兵庫教育大学の実地教育科目を事例にして―（2016）
6	学業的延引行動に関する発達心理学的研究（2016）
7	小学校社会科学習における概念獲得過程の「思考」の評価―「認知図」による空間的図式の可視化を手立てとして―（2017）
8	行動問題を示す自閉スペクトラム症児の保護者への主体的な療育を促す包括的支援プログラムの検討（2017）
9	世代間交流実習プログラムの導入による保育者養成のモデル構築（2020）
10	レジリエンスを実現するための学校教育実践に関する研究（2020）
11	保育実践における造形と音楽を結び付けた表現活動の定位と展開（2020）
12	自閉症スペクトラム障害者に就労に関するソーシャルナイスティを教えるための有効な手続きに関する実験的研究（2020）

（出典：兵庫教育大学大学院連合学校教育学研究科「修了生の学位論文題目」及び兵庫教育大学学術情報リポジトリ HEART 等を基に作成した。https : //www.hyogo-u.ac.jp/rendai/degree/monograph.php［閲覧日：2022/12/18］、https : //hyogo-u.repo.nii.ac.jp/［閲覧日：2022/12/28］）

　まずは、**図 1** に示す抽出語リストを比較してみよう。「設置の趣旨（左）」と「学位論文題目（右）」の上位20位で整合性が見られるのは、 1 「教育（頻度19）」vs 9 「教育（頻度 7 ）」、 2 「実践17」vs 7 「実践 8 」、 4 「研究13」vs 1 「研究25」、 5 「学校11」vs「16学校 4 、19小学校 4 、21中学校 4 」、17「開発 3 」vs 3 「開発10」の 5 つの用語である。全体的な印象としては、妥当な整合性が見られると判断してよいだろう。特に、「先端課題実践開発専攻」の「実践」と「開発」に合致が確認できたのは、望ましい分析結果であるといえる。
　次に、共起ネットワークを作成する。学位論文題目の抽出語の上位には 1 「研究」があるが、これは学位論文題目として末尾に頻出する用語であるので、

#	抽出語	品詞/活用	頻度	
1	教育	サ変名詞	19	
2	実践	サ変名詞	17	
3	課題	名詞	14	
4	研究	サ変名詞	13	
5	学校	名詞	11	
6	教員	名詞	9	
7	養成	サ変名詞	9	
8	専攻	サ変名詞	7	
9	指導	サ変名詞	6	
10	高度	形容動詞	4	
11	新た	形容動詞	4	
12	先端	名詞	4	
13	多様	形容動詞	4	
14	理論	名詞	4	

#	抽出語	品詞/活用	頻度	
1	研究	サ変名詞	25	
2	社会	名詞	11	
3	開発	サ変名詞	10	
4	支援	サ変名詞	9	
5	授業	サ変名詞	9	
6	保育	サ変名詞	9	
7	実践	サ変名詞	8	
8	学習	サ変名詞	7	
9	教育	サ変名詞	7	
10	行動	サ変名詞	6	
11	モデル	名詞	5	
12	形成	サ変名詞	5	
13	思考	サ変名詞	5	
14	保護	サ変名詞	5	

図1　本講座の「設置の趣旨」（上）と「学位論文題目」（下）における抽出語リスト

KH Coder の「出現数による語の取捨選択」を使って取り除いた。また、抽出語2「社会」は、1つの学位論文題目に「社会」という用語が3回使用されている論文が2件あり、学位論文としては7件であるが、頻度が11になっている。共起ネットワークを作成してみたが、「社会」が強調され過ぎて偏向が生じ、他の用語が排除されることが判明したので、ここでは除外している。

　本講座の「設置の趣旨」における共起ネットワークは、「教育」「実践」「学

校」「研究」に強い相関が見られ、そこから「教員」「養成」「指導」との結び付きが確認できた。それとは別に、「課題」「専攻」「先端」「開発」が関連する群があり、「先端課題実践開発専攻」の専攻名と一致した。これは、「設置の趣旨」が、適切に書かれていたことを証明する当然ともいえる結果である。

　図2に示す「学位論文題目」における共起ネットワークは、「保育」「学習」「開発」「支援」「行動」を中核にする5つの群が確認でき、それらは保育、小学校教育、中学校教育、特別支援教育にかかわる学位論文が、本講座で受理されてきたことと連動している。5群に大きな偏りがなく、ほぼ均等に表示されるということは、学術研究とその指導が順調に推進されていることを意味している。「実践」と「開発」が、大きく表示されていることも、「先端課題実践開発専攻」の名称を想起させるよい結果になっている。それでは、それぞれの群

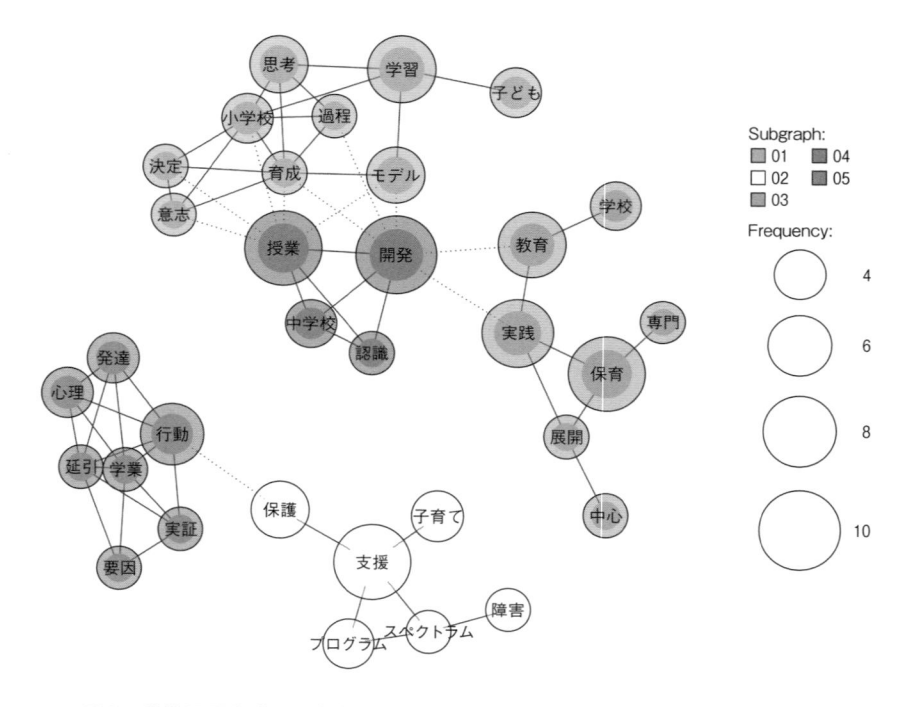

図2　先端課題実践開発専攻の学位論文題目における抽出語の共起ネットワーク

を詳しく見てみよう。

　第1に「学習」群は、「思考」「小学校」「モデル」「子ども」との相関が見られ、特に「小学校」を起点に見ると、「思考」「学習」「過程」「育成」「意志」「決定」との結び付きが確認できる。また、「小学校」「育成」「過程」「思考」の群構成の要素4語は、それぞれ他の要素3語と関連があり、全ての対角線（実線）で結ばれる。「小学校」「決定」「意志」「育成」にも全く同様の関連性が認められる。第2に「開発」群は、ほとんど同じ大きさの「授業」と相関し、「開発」からは「授業」「中学校」「認識」へ実線が伸び、「授業」からは「開発」「中学校」「認識」へ実線が伸びている。「授業」「開発」「中学校」「認識」の群構成の要素4語は、それぞれ他の要素3語と全ての対角線（実線）で結ばれ、揺るぎない繋がりが確認できる。第3に「保育」群は、「実践」「展開」「専門」と相関しつつ、「実践」は「教育」と結び付いている。「幼児教育（広義）」と「道徳教育」が本講座のみにある教育研究分野であることは既にふれた通りであるが、保育学関係の学位申請が、本講座に集中する現象の反映といえる。

　第4に「小学校」を構成要素とする「学習」群と「中学校」を構成要素とする「開発」群が、破線7本によって緩やかに結び付き、義務教育における小学校教育と中学校教育との連続性を感じさせる。また、「保育」群と2本の破線で結び付いているのも、保幼小連携教育を暗示させる結果になっている。第5に「行動」群は、「行動」「発達」「心理」「延引」「学業」と群構成の要素5語がそれぞれ他の要素4語と4本の実線で結び付き、互いに強い相関が見られる。同様に、「学業」「延引」「要因」「実践」にも全く同様の関係性が認められる。第5に「支援」群は、「子育て」「保護」「プログラム」「スペクトラム」と結び付き、「支援」「プログラム」「スペクトラム」3者は、互いにかかわり合っている。特別支援教育関係の学位論文であることが明らかである。

（3）本講座の教育研究の課題

　前述したように、「本講座の教育研究分野」としては、「教育心理学」「道徳教育」「発達心理学」「幼児教育」「幼児心理」「保育内容の研究」「教科教育

学」「教科内容学」「教育方法学」「学校経営」「キャリア教育」「特別支援教育」「メディア・コミュニケーション学」「社会心理学」の14分野がある。提出された学位論文題目からも、本講座の教育研究（学位申請）においては、保育、小学校教育、中学校教育、特別支援教育にかかわる学術研究とその指導は、順調に推進されてきているといえる。

　今後の課題としては、「学校経営」「キャリア教育」「メディア・コミュニケーション学」「社会心理学」等の分野の活性化が望まれる。特に、「メディア・コミュニケーション学」は、『設置報告書』（資料3）の「②専門科目」の項目で、「道徳教育分野」「発達課題分野」「学習臨床分野」とともに「メディア・コミュニケーションをはじめとする現代的課題分野」として、「学校教育にかかわる個別の先端課題に複眼的な視野でアプローチできる」ための「4本の柱」の1つとして位置付けられていることもあり、専任教員等の配置も含め指導体制を確立すると同時に、学術研究の推進が強く望まれる。

　学位論文題目の「プログラム（頻度4）」は、連合大学院の「設置の趣旨・目的」（資料1）の「……実践的能力を養う教育プログラムを確立し、教員養成大学等に供給する」の箇所と、『報告計画書』（資料3）における「②専門科目」の「……具体的な解決のための実践プログラムを開発するとともに、その効果の検証方法を明らかにする」の箇所と、「③課題研究」の「各専門科目で開発された実践プログラムを博士論文に発展させる科目であり……」の箇所で、その用語が確認できる重要な鍵言葉である。「プログラム」という用語が使われている学位論文は、池田浩之（2016）「高機能自閉症スペクトラム障害者の心理的特性を踏まえた就労支援プログラムに関する研究」、岡村章司（2017）「行動問題を示す自閉スペクトラム症児の保護者への主体的な療育を促す包括的支援プログラムの検討」、上田裕子（2018）「医療系大学生への薬物乱用防止教育プログラム開発に関する実践学的研究」、吉津晶子（2020）「世代間交流実習プログラムの導入による保育者養成のモデル構築」の4件である。学位論文44件中4件であるので、本講座の教育研究14分野を考慮すると、研究成果としては、妥当な数量であろう。

　本講座の「設置の趣旨」（資料2）で「教科横断的な特色あるカリキュラム編

成や社会に開かれた学校づくりについて中心的な役割を担える指導主事や教員を養成する」とあるように、また、連合大学院ホームページにおいて、本講座の内容として公開されている「……教科横断的な特色あるカリキュラム編成や社会に開かれた学校づくりについて中心的な役割を担うことのできる人材の養成…」の部分にあるように、「カリキュラム」は、本講座にとって非常に重要な鍵言葉である。しかし、学位論文題目に「カリキュラム」の用語が確認できるのは、別惣淳二（2016）「教育実習カリキュラムによる資質能力形成の評価に関する研究—兵庫教育大学の実地教育科目を事例にして—」の１件のみである。「カリキュラム」に関する学位論文が１件しかないのは、本講座が設置から2021年３月までの13年間を考えると、今後の課題として銘記しておくべきであろう。

5 先端課題実践開発専攻の今後の在り方とリカレント教育に必要な視点

　本章では、先端課題実践開発専攻のこれまでと課題を、設置の趣旨と博士論文題目に着目して論述した。総括の第１としては、既述したように、幼児教育・小学校教育・中学校教育・特別支援教育の領域においては、継続的に学位取得者を輩出しており、着実な成果が積み重ねられているといえる。今後は、「学校経営」「キャリア教育」「メディア・コミュニケーション学」「社会心理学」等の教育研究分野の重点化・活性化が望まれる。また、本講座における非常に重要な鍵言葉に「カリキュラム」があるが、関連する学位論文は１件である。これらの教育研究分野の博士論文が確認できない、もしくは少ないのは、①研究指導ができる教員が連合大学院あるいは本講座に少ない（少なかった）からなのか、②指導教員予定者はいるが、その研究分野を目指す志願者・入学者が少ない（少なかった）のか、③仮にその分野で博士号を取得しても就職できる研究機関等が限定され就職が難しいという背景があるのか、等を詳しく検討する必要があるだろう。そのことを前提に、今後の学術研究の推進と指導体制の整備が求められる。

総括の第2は、大学院博士課程におけるリカレント教育を行う際には何に留意すればよいのか、の問題についてである。本講座におけるリカレント教育には、2つの側面がある。連合大学院の現職教員受入状況が、26年間の平均が60％であるのに対して、本講座の入学者に占める現職教員の割合は、13年間の平均が87％と非常に高い。したがって、博士課程における学習や研究が、現職教員にとってはリカレント教育を受けることになる。もう1つは、本研究が、今後重点的に調査研究し、モデル化して方向性を示したい側面である。つまり、学位取得者が、指導主事・実務家教員・研究者として自立できるまで、本講座が能動的・継続的に研究プロジェクト等の共同研究の場を提供し、学位取得後の燃え尽き症候群（burnout syndrome）を含めた研究停滞期に陥らないように、一定の期間を設けて研究環境・研究方法・研究意欲を刺激し活性化するための維持・持続・保守・保全をするもの（aftercare）である。今後は、本講座の学位取得者に対するアンケート調査や面接を通して、具体的なリカレント教育モデルの構築を目指す計画である。

【引用・参考文献】

兵庫教育大学連合学校教育学研究科（https：//www.hyogo-u.ac.jp/rendai/）（閲覧日：2022/12/22）
「兵庫教育大学大学院連合学校教育学研究科先端課題実践開発専攻設置報告書」（https：//www.hyogo-u.ac.jp/rendai/information/forefront-issues.php）（閲覧日：2023/1/26）
文部科学省（2019）「2040年を見据えた大学院教育のあるべき姿〜社会を先導する人材の育成に向けた体質改善の方策〜（審議まとめ）」平成31年（2019年）1月22日、中央教育審議会大学分科会

（髙橋敏之）

第5章

教育系博士課程における教員の研究指導及び学生の研究活動に関する意識

−先端課題実践開発連合講座所属の教員・修了生・在学生対象の調査から−

　本章では、先端課題実践開発連合講座の教員と修了生・在学生を対象として、先端的な諸課題の解決に特化した講座における教員の研究指導及び学生の研究活動に関する意識を調査し、学位取得にかかわる研究指導や研究活動の実態、重視されるポイントを明らかにする。

　教員については、「① 指導学生を学位取得に導く上で苦労・苦心した（している）こと」、「② 査読付き論文に採択される論文執筆のために行っている指導の在り方（論文執筆、精神的サポート、研究観に関する側面）」、「③ 指導学生が査読付き論文に採択されるために必要な指導として重視していること」、「④ 博士論文の研究成果を今日の教育課題の解決と学校教育の質的改善・改革に貢献させるために必要な指導として重視していること」の4点についての意識を調査した。①は教員の研究指導においてハードルとなる事項の実態を知るために調査内容に含めた。②と③については、本学の学位取得の条件として課程博士であれば、査読付き論文2編以上を課しており、査読付き論文に採択されることが学位取得にとって不可欠であることから、これにかかわる指導で重視されるポイントを明らかにするために調査内容に含めた。④は先端課題実践開発連合講座のミッションを達成するための指導上のポイントを示すために調査内容に含めた。

　修了生・在学生に対しては「① 博士課程への入学動機」、「② 博士論文にかかわる実践研究を進める上で苦労・苦心した（している）こと」、「③ 博士論文にかかわる実践研究を進める上で、見方や考え方が変わってきたこと」、「④ 査読付き学会誌に採択される論文を書くために自身が特に努力して身に付けようとした（している）こと」、「⑤ 査読付き学会誌に採択される論文を執筆するために、指導教員からの指導で役に立ったこと」、「⑥ 博士論文にかかわる研究成果を、今

日の教育課題の解決と学校教育の質的改善・改革に貢献させるために必要な力」
の6点について意識を調査した。①は先端課題実践開発連合講座への入学動機
の実態、②は学生の研究活動のハードルとなるもの、について実態を知るために
調査内容に含めた。③は学校教員の立場で本講座に入学する学生が多いことから、
実践家が実践研究に取り組む際に必要となる見方や考え方の転換・変容の実態
を知るために調査内容に加えた。④と⑤は前述のように学位取得に不可欠となる
査読付き論文で採択されるための学生側の重要ポイントと、学生にとっての教員
からの有益な指導の在り方の内実を知るために調査内容に加えた。⑥は先端課
題実践開発連合講座のミッションを達成するために身につけるべき力について学
生自身がどのように意識しているかを明らかにするために調査内容とした。

1 教員の意識

（1）方法

調査対象者　先端課題実践開発連合講座に所属するマル合教員20名であった。
主指導教員経験年数は3名が1年から5年、7名が6年から10年、8人が11年
から15年、2人が20年以上であった。指導した学生数は11名が1人、8名が1
人、6名が1人、5名が4人、4名が2人、2名が5人、1名が6人であった。
調査内容　調査内容を精選するために本調査に先んじて先端課題実践開発連合
講座に所属するマル合教員7名を対象とした予備調査を実施した。予備調査で
は、①「教員が指導学生を学位取得に導く上で苦労・苦心した（している）こ
と」、②「査読付き論文に採択される論文執筆のために行っている指導の在り
方」、③「指導学生が査読付き論文に採択されるために必要な指導として重視
していること」、④「博士論文の研究成果を今日の教育課題の解決と学校教育
の質的改善・改革に貢献させるために必要な指導として重視していること」の
4つについて自由記述による回答を求め、それぞれに回答された項目の主なも
のを本調査のアンケートで問う項目として抽出した。
　本調査では①は9項目、②は25項目（論文執筆に関する事柄12項目、精神的サ
ポートに関する事柄7項目、研究観に関する事柄6項目）、③は20項目、④は8項目

についての意識が5段階尺度評定によって測定された。

（2）結果と考察

① 指導学生を学位取得に導く上で苦労・苦心した（している）こと

　表1は「指導学生を学位取得に導く上で苦労・苦心した（している）こと」について、予備調査で抽出された9項目に対する「1. 全くあてはまらない」、「2. あまりあてはまらない」、「3. どちらともいえない」、「4. ある程度あてはまる」、「5. 非常にあてはまる」の5段階評定尺度の平均評定値（標準偏差）を示したものである。各項目に対する教員の意識の強弱を査定するために、帰無仮説から期待される平均値（以下「平均値」とする）3.0と比較する一群 t 検定を行った。その結果、「（1）研究活動に必要な基礎的な知識・技能に関する指導をすること」（$t(19)=2.04$, $p=.055$）と「（5）研究指導の時間を確保すること」（$t(19)=1.93$, $p=.069$）は平均値よりも高い有意傾向があった。

　この結果は、学生を学位取得に導くに際して教員がこれらについてある程度、苦労・苦心していることを示している。現職の学校教員が多い本コースの博士課程学生には、まずは基礎的な知識・技能に関する指導が不可欠であり、そのためにはある程度の指導時間を確保する必要があるといえ、これらの点に教員が苦労・苦心している実態が示されたといえる。

　「（7）指導学生が指導を受け入れないこと」については平均値よりも低いと

表1　教員が指導学生を学位取得に導く上で苦労・苦心した（している）こと

項目	平均値（標準偏差）
（1）研究活動に必要な基礎的な知識・技能に関する指導をすること	3.55（1.19）+
（2）精神的な余裕のなさに対する情緒的サポートが必要なこと	3.20（1.32）
（3）自律的に研究活動を進められない学生に研究指導をすること	2.65（1.27）
（4）複数の研究成果を1つの論文にまとめるように指導すること	2.85（1.39）
（5）研究指導の時間を確保すること	3.50（1.15）+
（6）論文に必要な基本的な記述様式（用語・表記・書式の統一等を指導すること	2.95（1.32）
（7）指導学生が指導を受け入れないこと	1.85（0.93）**
（8）論文に相応しい文章表現の指導をすること	2.90（1.29）
（9）学生の事情（仕事や家庭の状況、健康状態等）を理解すること	3.10（1.37）

$** p < .001$, $+ p < .10$

いう有意差があった（t(19)=5.44, p<.001）。この結果は、教員には指導学生が指導を受け入れないことで苦心・苦労している意識はほとんどないことを示しており、研究指導に関しては、教員と学生とは概ね良好な関係にあることが示唆されよう。その他の項目については平均値との間に著しい違いはみられなかった。

② 査読付き論文に採択される論文執筆のために行っている指導の在り方

　表2は、予備調査で抽出された25項目（論文執筆に関する事柄12項目、精神的サポートに関する事柄7項目、研究観に関する事柄6項目）に対する同様の5段階評定尺度の平均評定値（標準偏差）を示したものである。同様の一群 t 検定を行った結果、「論文執筆に関する事柄」に関する12項目については「（9）先行研究等の検索方法及び望ましい引用の仕方について指導・助言をすること」以外の項目はいずれも平均値よりも高いという有意差があった（t(19)=5.16［（1）］, 4.42［（2）］,、3.72［（6）］, 4.29［（8）］, 5.42［（10）］, 7.62［（11）］, 10.04［（12）］：いずれも p<.001：t(19)=3.00［（3）］, 3.07［（4）］, 3.58［（7）］：いずれも p<.01：t(19)=2.10［（5）］、p<.05）。

　これらの結果から、教員は学生が査読付き論文に採択される論文執筆をするために、「（1）研究の全体像の構成（論述の仕方を含む）について」、「（2）課題設定の在り方」、「（5）論文執筆のための体裁を理解していること」、「（8）論理の飛躍を避けること」「（10）研究の意義付けや新規性の主張の仕方」、「（11）論文で自らの主張を読者にわかりやすく示すためにどのように書けばよいか」「（12）論文で自らの主張を実証的に示すためには、どのように書けばよいか」といった〝論理構成〟に関する事項、「（3）研究目的に相応しい具体的な研究方法」、「（4）様々な分析手法（量的・質的分析）」といった〝方法論〟に関する事項、及び（6）にかかわる〝研究倫理〟や（7）にかかわる〝査読〟に関する事項について指導、助言を強く意識していることが示された。この中でも特に評定値が高かったものは、〝論理構成〟の事項に関する項目であった。このことから、教員はこれらの論文執筆の本質的なポイントとなる論理構成について指導・助言することを特に強く意識していることが明らかにされたといえる。

　精神的サポートに関する事柄7項目については、「（17）ネガティブな結果

（査読結果等）に対して冷静に分析すること」（t(19)=4.42, p＜.001）と「(19) 指導学生との間に信頼関係が築かれていること」（t(19)=3.52, p=.002）には、平均値よりも高いという有意差があった。「(14) 指導学生を激励し、学位取得に向

表2　査読付き論文に採択される論文執筆のために行っている指導の在り方

項目	平均値（標準偏差）
［論文執筆に関する事柄］	
（1）研究の全体像の構成（論述の仕方を含む）について指導・助言をすること	4.65 (1.07)***
（2）課題設定の在り方について指導・助言をすること	4.05 (1.05)***
（3）研究目的に相応しい具体的な研究方法について指導・助言をすること	3.70 (1.03)**
（4）様々な分析手法（量的・質的分析）について指導・助言をすること	3.80 (1.15)**
（5）論文執筆のための体裁を理解していること	3.50 (1.05)*
（6）研究活動に際して研究倫理を十分に意識するように指導・助言をすること	3.80 (0.95)***
（7）学会誌ごとの査読の厳しさや掲載論文の傾向等に関する詳しい情報について指導・助言をすること	3.70 (0.86)**
（8）論理の飛躍を避けるための指導・助言をすること	3.85 (0.88)***
（9）先行研究等の検索方法及び望ましい引用の仕方について指導・助言をすること	3.30 (1.03)
（10）研究の意義付けや新規性の主張の仕方について指導・助言をすること	4.25 (1.02)***
（11）論文で自らの主張を読者にわかりやすく示すためにどのように書けばよいかについての指導・助言	4.20 (0.70)***
（12）論文で自らの主張を実証的に示すためには、どのように書けばよいかについての指導・助言	4.25 (0.55)***
［精神的サポートに関する事柄］	
（13）指導学生のネガティブな精神状態に対して情緒的なサポートをすること	3.15 (1.35)
（14）指導学生を激励し、学位取得に向けた強い気持ちを持たせ続けること	3.60 (1.27)+
（15）指導学生の学びに指導教員が学ぶ態度を示すこと	3.40 (1.14)
（16）指導学生が研究活動を途中で投げ出さないように励ますこと	3.00 (1.26)
（17）ネガティブな結果（査読結果等）に対して冷静に分析すること	4.05 (1.05)***
（18）ネガティブな結果（査読結果等）による落ち込みから立ち直るための援助をすること	3.60 (1.35)+
（19）指導学生との間に信頼関係が築かれていること	4.00 (1.26)***
［研究観に関する事柄］	
（20）学校の課題解決に繋がる実践研究を促進するように指導すること	4.05 (1.00)***
（21）自分の研究がこれまでの研究の流れの中でどこに位置付くかを理解できるよう指導すること	4.05 (0.95)***
（22）自分の研究成果でその領域の研究がどれだけ進むのかを理解できるよう指導すること	3.90 (1.00)***
（23）自分の研究成果が研究の大きな流れの中ではごく一部であることを意識するように指導すること	3.70 (1.03)***
（24）自分の研究成果に過大評価や過信をせず、謙虚に研究を進める姿勢を持つように指導すること	4.05 (0.69)***
（25）自らの研究がどのように学への貢献をするかを考えさせること	3.85 (0.75)***

*** p ＜ .001, ** p ＜ .01, * p ＜ .05, + p ＜ .10

けた強い気持ちを持たせ続けること」（t(19)=2.08, p=.051）と「(18) ネガティブな結果（査読結果等）による落ち込みから立ち直るための援助をすること」（t(19)=1.96, p=.065）には、同様の有意傾向があった。

　これらの結果から、査読付き論文に採択される論文執筆のための精神的サポートとしては、(17)、(18) にかかわる"査読対応"に関する事項、(14) の"動機づけ"や (19) の"信頼関係"に関する事項、が強く意識されていることが示唆された。特に"査読対応"については、論文投稿に際してのネガティブな結果に対する学生の気持ちの落ち込みといった情緒面に対するサポートと、冷静に結果を分析し、次の投稿に繋げるといった研究活動面の戦略的なサポートが意識されていることが示唆され、論文投稿の指導における重要な支援のポイントが示されたといえよう。

　研究観に関する事柄6項目については、すべての項目で平均値よりも高いという有意差があった（t(19)=4.65 ［(20)］, 10.67 ［(21)］, 4.11 ［(22)］, 10.49 ［(23)］, 6.76 ［(24)］, 5.04 ［(25)］：いずれも p<.001）。これらの結果は、査読付き論文に採択される論文執筆のため、教員は研究観として、「(21) 自分の研究がこれまでの研究の流れの中でどこに位置付くかを理解できる」、「(22) 自分の研究成果でその領域の研究がどれだけ進むのかを理解できる」、「(23) 自分の研究成果が研究の大きな流れの中ではごく一部であることを意識する」、「(24) 自分の研究成果に過大評価や過信をせず、謙虚に研究を進める姿勢を持つ」、「(25) 自らの研究がどのように学への貢献をするかを考えさせること」といった"研究成果の客観的意義づけ"に関する事項、「(20) 学校の課題解決に繋がる実践研究を促進すること」といった"教育実践を意識した研究"に関する事項についての指導・助言が強く意識されていることが示された。学位取得に繋がる研究においては、目の前の研究活動に関する具体的な研究方法や論文の論述に関する指導だけでなく、学生自らの研究成果がその領域の学術研究の大きな流れの中でどのように位置付けられ、教育実践の中でどのような意義や価値を見出し得るものであるのかといった、大局的な研究観を身に付ける視点からの指導も重要であることが示唆されたといえる。

③ 指導学生が査読付き論文に採択されるために必要な指導として重視していること

　表3は「指導学生が査読付き論文に採択されるために必要な指導としてどの程度重視していますか」という質問に関して、予備調査で抽出された20項目に対する5段階評定尺度（1. 全く重視していない、2. あまり重視していない、3. どちらともいえない、4. ある程度重視している、5. 非常に重視している）の平均評定値（標準偏差）を示したものである。同様の一群 t 検定を行った結果、「(10) 研究活動すべてに速さを要求し指導すること」と「(14) 指導学生との共著論文を投稿する形で、論文投稿経験を豊かにするように指導すること」以外の項目についてはいずれも平均値よりも高いという有意差があった（t(19)=15.98 ［(1)］, 10.59 ［(2)］, 10.06 ［(3)］, 12.92 ［(4)］, 9.09 ［(5)］, 7.66 ［(6)］, 7.66 ［(7)］,

表3　指導学生が査読付き論文に採択されるために必要な指導として重視していること

項目	平均値（標準偏差）
(1) 先行研究を踏まえた研究の新規性が担保されるように指導すること	4.70 (0.47)***
(2) 学校教育の向上に貢献する実践性が担保される研究のフレームを構成するように指導すること	4.45 (0.60)***
(3) 研究課題にマッチした指標を設定するように指導すること	4.30 (0.57)***
(4) 分析されたデータの信憑性や信頼性が担保されるよう指導すること	4.50 (0.51)***
(5) 研究結果について、構造的な解釈を踏まえて考察するように指導すること	4.40 (0.68)***
(6) 自らの研究と学校現場が抱える課題との繋がりを明示するように指導すること	4.20 (0.70)***
(7) 教育課題解決の可能性等を明確に考察できるように指導すること	4.20 (0.70)***
(8) 研究的な価値、実践的な価値を明示するように指導すること	4.40 (0.50)***
(9) 投稿論文の査読結果について指導学生と一緒に検討する機会を持つこと	4.50 (0.61)***
(10) 研究活動すべてに速さを要求し指導すること	3.10 (1.02)
(11) 研究活動すべてに正確さを要求し指導すること	4.20 (0.61)***
(12) 査読に落ちても、落ち込まず、次の学会誌を目指して論文に加筆修正し、再投稿する強い気持ちが重要であると指導すること	4.25 (0.85)***
(13) 事前の研究計画立案の段階でオリジナリティを含めてよく検討するように指導すること	4.25 (0.72)***
(14) 指導学生との共著論文を投稿する形で、論文投稿経験を豊かにするように指導すること	3.50 (1.28)
(15) 指導学生の研究テーマに相応しい投稿先の学会を選ぶように指導すること	4.15 (0.93)***
(16) 時期的なことも含めて論文投稿を計画的に進めていくように指導をすること	4.35 (0.81)***
(17) 研究活動全般において雑な行為や取り組みをしないように指導すること	4.15 (0.93)***
(18) 修正対照表や回答書を丁寧に書く必要があることを指導すること	4.65 (0.59)***
(19) 投稿先の学会の特性を把握し、配慮することを指導すること	4.10 (0.91)***
(20) 受理されやすい論文スタイルや表現上の工夫について指導すること	4.05 (1.00)***

*** p < .001

12.33〔(8)〕, 10.92〔(9)〕, 8.61〔(11)〕, 6.49〔(12)〕, 7.71〔(13)〕, 5.44〔(15)〕, 7.34〔(16)〕, 5.44〔(17)〕, 12.42〔(18)〕, 5.33〔(19)〕, 4.64〔(20)〕：いずれも p<.001)。

　これらの結果から、ほとんどの項目が、教員によって指導学生が査読付き論文に採択されるために必要な指導として重視されていることを示している。項目全体を俯瞰してみると、「(1) 先行研究を踏まえた研究の新規性が担保されること」、「(3) 研究課題にマッチした指標を設定すること」、「(4) 分析されたデータの信憑性や信頼性が担保されること」、「(5) 研究結果について、構造的な解釈を踏まえて考察すること」、「(8) 研究的な価値、実践的な価値を明示すること」、「(13) 事前の研究計画立案の段階でオリジナリティを含めてよく検討すること」といった"論文の内容"にかかわる事項、「(6) 自らの研究と学校現場が抱える課題との繋がりを明示すること」、「(2) 学校教育の向上に貢献する実践性が担保される研究のフレームを構成すること」、「(7) 教育課題解決の可能性等を明確に考察できるように指導すること」といった"教育現場の課題解決"に関する事項、「(15) 指導学生の研究テーマに相応しい投稿先の学会を選ぶこと」、「(16) 時期的なことも含めて論文投稿を計画的に進めていくこと」、「(18) 修正対照表や回答書を丁寧に書くこと」、「(19) 投稿先の学会の特性を把握し、配慮すること」、「(20) 受理されやすい論文スタイルや表現上の工夫」といった"論文投稿に関するテクニカル面"にかかわる事項、「(9) 投稿論文の査読結果について指導学生と一緒に検討する機会を持つこと」、「(12) 査読に落ちても、落ち込まず、次の学会誌を目指して論文に加筆修正し、再投稿する強い気持ちが重要であること」といった、"査読結果への対応"に関する事項、「(11) 研究活動すべてに正確さを要求すること」、「(17) 研究活動全般において雑な行為や取り組みをしないこと」といった"研究活動全般に対する取り組み姿勢"に関する事項、について重視されていることが示唆されるであろう。指導学生が査読付き論文に採択されるために必要な指導としてこれらの事項が重要なポイントとなっていることが示されたといえよう。

④ 博士論文の研究成果を今日の教育課題の解決と学校教育の質的改善・改革に貢献させるために必要な指導として重視していること

表4は「博士論文の研究成果を今日の教育課題の解決と学校教育の質的改善・改革に貢献させるために必要な指導として、どの程度重視していますか」という質問に関する、予備調査で抽出された20項目に対する同様の5段階評定尺度の平均評定値（標準偏差）を示したものである。同様の一群 t 検定を行った結果、「（4）学位取得後も科研費等の共同研究者として連携・継続して指導を行うこと」以外の項目についてはいずれも平均値よりも高いという有意差、もしくは有意傾向があった（t(19)=8.44 ［（1）］, 12.55 ［（2）］, 9.38 ［（5）］, 6.49 ［（6）］, 7.71 ［（7）］, 10.04 ［（8）］：いずれも p <.001 ; t(19)=1.85 ［（3）］, p= .079）。

　これらの結果から、「（1）自身の研究の実践性や学校課題解決への貢献の在り方を問い直しながら実践研究を進めること」、「（2）学校における現代的課題に対して、それらを解決していくという視点をもつこと」、「（5）博士論文にかかわる研究活動の中に、何らかの現場実践が含まれるようにすること」、「（7）教育現場が抱えている根本的で本質的な問題・課題に対する深い理解と洞察を持つこと」、「（8）今日の教育課題の解決に関連付けて問題の所在と研究の必然性を常に考えさせること」といった自らの研究に対して常に "実践性や現場の課題解決に対する視点を持つこと" が指導の中で重視されていることが示され

表4　博論の研究成果を今日の教育課題の解決と学校教育の質的改善・改革に貢献させるために必要な指導として、どの程度重視しているか

項目	平均値（標準偏差）
（1）自身の研究の実践性や学校課題解決への貢献の在り方を問い直しながら実践研究を進めるように指導すること	4.40 (0.75) ***
（2）学校における現代的課題に対して、それらを解決していくという視点をもって研究を進めるように指導すること	4.45 (0.51) ***
（3）在学中のみならず、学位取得後も伴走体制を崩さず指導すること	3.50 (1.19) +
（4）学位取得後も科研費等の共同研究者として連携・継続して指導を行うこと	3.00 (0.97)
（5）博士論文にかかわる研究活動の中に、何らかの現場実践が含まれるよう指導すること	4.60 (0.75) ***
（6）学位取得が研究者・教育者としての新たなスタートであることを深く認識するように指導すること	4.25 (0.85) ***
（7）教育現場が抱えている根本的で本質的な問題・課題に対する深い理解と洞察を持つように指導すること	4.25 (0.72) ***
（8）今日の教育課題の解決に関連付けて問題の所在と研究の必然性を常に考えさせるように指導すること	4.25 (0.55) ***

*** p < .001, + p < .10

た。さらに、「学位取得が研究者・教育者としての新たなスタートであること
を深く認識すること」といった学位取得を、教育実践を対象とする研究者・教
育者として邁進する新たな起点として自覚させることも重視されていることが
示された。加えて「（3）在学中のみならず、学位取得後も伴走体制を崩さず指
導すること」といった学位取得後も指導教員との研究指導・共同研究体制が維
持されることについても重視されていることが示された。教育実践の先端課題
に取り組み、その解決に貢献できる研究成果を生み出すことがミッションであ
る本講座において、指導教員が学生指導において、教育実践を対象とする研究
に不可欠な視点として常にこれらを重視していることが示されたといえよう。

2 ｜ 学生の意識

（1）方法

調査対象者　先端課題実践開発連合講座所属の学位を取得した修了生24人、及
び在学生18人の計42人であった。修了生については学位取得までの年数が３年で
あった者は16人、４年が２人、４年半が１人、５年が３人であった。在学生につ
いては、博士課程に入学してからの年数が１年の者が５人、２年が４人、３年が
４人、４年が２人、６年が３人であった。博士課程入学前の現職については、小
学校教員が５人、中学校教員が８人、高校教員が１人、特別支援学校教員が２人、
大学・短大教員が13人、認定こども園保育教諭が３人、その他が10人であった。
調査内容　調査内容を精選するために本調査に先んじて先端課題実践開発連合
講座に所属し学位を取得した修了生４人と在学生２人の計６人を対象とした予
備調査を実施した。予備調査では、①「博士課程への入学動機」②「博士論文
にかかわる実践研究を進める上で苦労・苦心した（している）こと」、③「博士
論文にかかわる実践研究を進める上で、（例えば、保育・教育実践のみに携わって
いた頃など、以前と比較して）見方や考え方が変わってきたこと」④「査読付き
学会誌に採択される論文を書くためにあなた自身が特に努力して身につけよう
とした（している）こと」、⑤「査読付き学会誌に採択される論文を執筆するた
めに、指導教員からの指導で役に立ったこと」、⑥「博士論文にかかわる研究

成果を、今日の教育課題の解決と学校教育の質的改善・改革に貢献させるために、必要な力とは何か」の 6 つについて自由記述による回答を求め、それぞれに回答された項目の主なものを本調査のアンケートで問う項目として抽出した。

　本調査では①は 9 項目、②は10項目、③は 9 項目、④は26項目（論文執筆に関する事柄 7 項目、研究活動に関する事柄13項目、精神的側面に関する事柄 6 項目）、⑤は 5 項目、⑥は 4 項目についての意識が同様の 5 段階尺度評定によって測定された。

（2）結果と考察

① 博士課程への入学動機

　表 5 は「博士課程への入学動機」について、予備調査で抽出された 9 項目に対する「1. 全くあてはまらない」、「2. あまりあてはまらない」、「3. どちらともいえない」「4. ある程度あてはまる」、「5. 非常にあてはまる」の 5 段階評定尺度の平均評定値（標準偏差）を示したものである。各項目に対する修了生、在学生の意識の強弱を査定するために、帰無仮説から期待される平均値（以下「平均値」とする）3.0と比較する一群 t 検定を行った。その結果、「（1）教育実践力を高めるため」（$t(41) = 5.83$, $p < .001$）、「（2）専門的知識を身に付けるため」（$t(41) = 20.30$, $p < .001$）、「（3）教育実践の研究手法を学ぶため」（$t(41) = 12.58$, $p < .001$）、「（5）研究職を得るため」（$t(41) = 3.31$, $p < .01$）、「（7）キャリアアップを図るため」（$t(41) = 6.37$, $p < .001$）、「（8）研究活動に取り組むため」（$t(41) = 10.32$, $p < .001$）について、いずれも平均評定値が帰無仮説から期待さ

表 5　博士課程に入学した動機

項目	平均値（標準偏差）
（1）教育実践力を高めるため	3.88（0.97）***
（2）専門的知識を身に付けるため	4.67（0.93）***
（3）教育実践の研究手法を学ぶため	4.45（0.74）***
（4）他者に推薦されたため	3.00（1.67）
（5）研究職を得るため	3.69（1.33）**
（6）高い学歴を得るため	3.31（1.24）
（7）キャリアアップを図るため	4.10（1.10）***
（8）研究活動に取り組むため	4.43（0.89）***
（9）現場から離れて自らの実践を客観的にみつめるため	2.81（1.35）

*** $p < .001$、** $p < .01$

れる平均値3.0よりも有意に高かった。

　これらの結果は、博士課程への入学動機として強く意識されているものを示している。内容を検討すると、教育実践力を高める、といった"実践力の向上"を動機とするもの、専門的知識の習得、教育実践の研究手法を学ぶ、研究活動に取り組む、といった"研究活動への取り組み"を動機としたもの、研究職を得る、キャリアアップを図る、といった"キャリアアップ"を動機とするものが主なものであることが示唆された。これらの中でも特に"研究活動への取り組み"にかかわる項目に対する評定値が著しく高く、博士課程に入学する動機としては"研究活動への取り組み"が最も中心的なものになっていることが示されたといえよう。

② 博士論文にかかわる実践研究を進める上で苦労・苦心した（している）こと

　表6は「博士論文にかかわる実践研究を進める上で苦労・苦心した（している）こと」について、予備調査で抽出された10項目に対する同様の5段階評定尺度の平均評定値（標準偏差）を示したものである。各項目に対する修了生、在学生の意識の強弱を査定するために、同様の一群 t 検定を行った。その結果、「（1）執筆する時間を捻出すること」（t(41)=7.83, p<.001）、「（3）研究成果を教育現場に還元できるものにすること」（t(41)=3.13, p<.001）、「（4）研究手法（調査方法、分析方法）を修得すること」（t(41)=6.08, p<.001）、「（6）適切な文献

表6　博士論文にかかわる実践研究を進める上で苦労・苦心した（している）こと

項目	平均値（標準偏差）
（1）執筆する時間を捻出すること	4.31 (1.07)***
（2）周囲（職場・家族）に理解してもらうこと	2.64 (1.39)
（3）研究成果を教育現場に還元できるものにすること	3.62 (1.27)***
（4）研究手法（調査方法、分析方法）を修得すること	4.05 (1.10)***
（5）実践研究のフィールドを確保すること	2.64 (1.38)
（6）適切な文献探索をすること	3.71 (1.22)***
（7）最適な研究方法を選択すること	3.86 (1.00)***
（8）研究協力者を得ること	2.98 (1.26)
（9）計画的に時間を管理すること	4.26 (1.04)***
（10）複数の研究成果を1つの論文にまとめること	4.07 (0.95)***

*** p < .001

探索をすること」（t(41)=3.76, p＜.001）、「（7）最適な研究方法を選択すること」（t(41)=5.48, p＜.001）、「（9）計画的に時間を管理すること」（t(41)=7.79, p＜.001）、「（10）複数の研究成果を1つの論文にまとめること」（t(41)=7.24, p＜.001）の7つの項目については、平均値よりも高いという有意差があった。

　これらの結果は、修了生・在学生が実践研究を進める上で、苦労・苦心した（している）ことの内実を示している。これらの結果から、博士課程在学時に学生は、特に（1）や（9）にかかわる"研究時間"に関する事項、（4）や（7）といった"研究手法"に関する事項、（6）の文献検索や（10）の研究成果のまとめ方といった"学位論文執筆"に関する事項、（3）の"研究成果の実践への還元"に関して苦労・苦心していることが明らかになった。

③ 博士論文にかかわる実践研究を進める上で、見方や考え方が変わってきたこと
　表7は「博士論文にかかわる実践研究を進める上で、（例えば、保育・教育実践のみに携わっていた頃など、以前と比較して）見方や考え方が変わってきたこと」について、予備調査で抽出された9項目に対する同様の5段階評定尺度の平均評定値（標準偏差）を示したものである。各項目に対する修了生、在学生の意識の強弱を査定するために、同様の一群t検定を行った。その結果、いずれの項目においても平均値より高いという有意差があった（t(19)=6.41［（2）］, 10.74［（3）］, 11.44［（4）］, 7.75［（5）］, 11.43［（6）］, 7.07［（7）］, 8.76［（8）］, 5.23［（9）］：いずれ

表7　博士論文にかかわる実践研究を進める上で、（例えば、保育・教育実践のみに携わっていた頃など、以前と比較して）見方や考え方が変わってきたこと

項目	平均値（標準偏差）
（1）現場での経験や勘と理論を切り離すこと	3.64 (1.27)**
（2）論理的に説明できないことは述べないこと	3.98 (0.98)***
（3）研究倫理を意識すること	4.31 (0.78)***
（4）客観的な視点を持つこと	4.36 (0.76)***
（5）研究成果を周囲にアピールし、実践に役立てようとすること	4.00 (0.83)***
（6）根拠を重視すること	4.43 (0.80)***
（7）先行研究を批判的に検討すること	4.00 (0.91)***
（8）自らの考えや実践を批判的な視点でみること	4.24 (0.91)***
（9）人の行動そのものよりその行動の根拠を考えること	3.76 (0.93)***

*** p＜.001、** p＜.01

も p<.001；t(19)=3.25 ［（1）］, p<.01）。これらの結果は、本コースの博士課程修了生・在学生は、いずれの項目も博士論文にかかわる実践研究を進める上で、見方や考え方が変わってきたこととして強く意識していることを示している。項目を俯瞰すると、博士論文にかかわる実践研究を進める上で学生は、「（1）現場での経験や勘と理論を切り離すこと」、「（2）論理的に説明できないことは述べないこと」、「（4）客観的な視点を持つこと」、「（6）根拠を重視すること」、「（9）人の行動そのものよりその行動の根拠を考えること」といった "研究的思考" に関する事項、「（7）先行研究を批判的に検討すること」、「（8）自らの考えや実践を批判的な視点でみること」といった "批判的思考" に関する事項、「（3）研究倫理を意識すること」の "研究倫理" に関する事項、「（5）研究成果を周囲にアピールし、実践に役立てようとすること」の "研究成果の教育実践への貢献" に関する事項について、見方や考え方が変わったことが明らかにされた。特に "研究的思考" や "批判的思考" は、教育実践の先端課題に取り組む学位論文に求められるオリジナリティ溢れる優れた研究成果を生み出すには極めて重要な事項になることから、博士論文にかかわる研究活動を進める上では、見方や考え方の転換の重要なポイントとなっていることが明らかにされたといえよう。

④ 査読付き学会誌に採択される論文を書くために自身が特に努力して身に付けようとした（している）こと

　表8は、「査読付き学会誌に採択される論文を書くために自身が特に努力して身に付けようとした（している）こと」について、予備調査で抽出された26項目（論文執筆に関する事柄7項目、研究活動に関する事柄13項目、精神的側面に関する事柄6項目）に対する同様の5段階評定尺度の平均評定値（標準偏差）を示したものである。同様の一群 t 検定を行った結果、「論文執筆に関する事柄」に関する7項目については、いずれも平均値よりも高いという有意差があった（t(19)=21.62 ［（1）］, 15.96 ［（2）］, 19.24 ［（3）］, 24.33 ［（4）］, 14.04 ［（5）］, 13.81 ［（6）］, 11.76 ［（7）］：いずれも p<.001）。これらの結果から、論文執筆に関する事柄では、「（1）論理的に文章を構成すること」、「（2）論文に相応しい文章で表現すること」の "文章作成" に関する事項、「（3）正確な分析と結果を記述

すること」、「（4）結果に基づいて適切に考察すること」、「（5）論文を客観的
に分析すること」、「（6）論理的に思考すること」、「（7）先行研究等を情報収
集すること」といった"論文の論述"に関する事項、について学生自身が努力
して身に付けようとしていることが示された。

「研究活動に関する事柄」に関する13項目については、いずれも平均値よりも
高いという有意差があった（t(19)=9.53 [（8）], 15.39 [（9）], 15.39 [(10)], 9.24
[(11)], 13.45 [(12)], 13.37 [(13)], 10.89 [(14)], 10.31 [(15)], 10.86 [(16)], 6.91 [(17)],

**表8　査読付き学会誌に採択される論文を書くためにあなた自身が特に努力して身に付けよ
うとした（している）こと**

項目	平均値（標準偏差）
［論文執筆に関する事柄］	
（1）論理的に文章を構成すること	4.71 (0.51)***
（2）論文に相応しい文章で表現すること	4.57 (0.63)***
（3）正確な分析と結果を記述すること	4.69 (0.56)***
（4）結果に基づいて適切に考察すること	4.79 (0.47)***
（5）論文を客観的に分析すること	4.55 (0.71)***
（6）論理的に思考すること	4.52 (0.71)***
（7）先行研究等を情報収集すること	4.48 (0.80)***
［研究活動に関わる事柄］	
（8）明確な研究計画を立案すること	4.29 (0.86)***
（9）研究成果の独自性をアピールすること	4.52 (0.63)***
(10)査読者の指摘に対して柔軟に対応すること	4.52 (0.63)***
(11)研究に対する意欲や情熱をもつこと	4.29 (0.89)***
(12)向上心をもち、よりよい研究や論文を目指すこと	4.45 (0.74)***
(13)研究課題に対する探究心を持つこと	4.48 (0.71)***
(14)研究協力者への感謝の気持ちをもつこと	4.48 (0.83)***
(15)研究に対する指導、助言を素直な気持ちで聞くこと	4.48 (0.92)***
(16)査読者に対して感謝し、敬意を払うこと	4.40 (0.83)***
(17)自分の研究成果に自信を持つこと	3.95 (0.88)***
(18)研究活動に粘り強く取り組むこと	4.48 (0.74)***
(19)研究活動（論文指導を受ける、論文審査を受ける等）に必要なコミュニケーション能力を持つこと	4.19 (0.83)***
(20)小さな研究成果を重要視すること	4.05 (0.79)***
［精神的側面に関する事柄］	
(21)望ましくない結果にもすぐに気持ちを切り替え、立ち直ること	4.12 (0.71)***
(22)真面目に手を抜かず、全力で取り組むこと	4.36 (0.69)***
(23)学位取得に向けた強い気持ちを持ち続けること	4.26 (0.80)***
(24)研究活動を途中で投げ出さない気持ちを持ち続けること	4.26 (0.83)***
(25)ネガティブな結果（査読結果等）に対して冷静に分析できること	4.02 (0.84)***
(26)ネガティブな結果（査読結果等）による落ち込みから立ち直れること	3.86 (0.84)***

*** p < .001

12.78［(18)］, 8.78［(19)］, 8.44［(20)］：いずれも p<.001）。これらの結果から、「研究活動に関する事柄」では、「(10) 査読者の指摘に対して柔軟に対応すること」、「(16) 査読者に対して感謝し、敬意を払うこと」といった"査読への対応"に関する事項、「(11) 研究に対する意欲や情熱をもつこと」、「(12) 向上心をもち、よりよい研究や論文を目指すこと」、「(13) 研究課題に対する探究心を持つこと」、「(15) 研究に対する指導、助言を素直な気持ちで聞くこと」、「(18) 研究活動に粘り強く取り組むこと」、「(20) 小さな研究成果を重要視すること」といった"研究への取り組み姿勢"に関する事項、「(9) 研究成果の独自性をアピールすること」や「(17) 自分の研究成果に自信を持つこと」といった"研究成果"に関する事項、「(8) 明確な研究計画を立案すること」の"研究計画"に関する事項、「(14) 研究協力者への感謝の気持ちをもつこと」の"研究協力者"に関する事項、「(19) 研究活動（論文指導を受ける、論文審査を受ける等）に必要なコミュニケーション能力を持つこと」の"研究活動に必要なコミュニケーション能力"に関する事項、について学生自身が努力して身に付けようとしていることが示された。

　「精神的な側面に関する事柄」に関する 6 項目については、いずれも平均値よりも高いという有意差があった（t(19)=10.16［(21)］, 12.56［(22)］, 10.12［(23)］, 9.76［(24)］, 7.80［(25)］, 6.51［(26)］：いずれも p<.001）。これらの結果から、「精神的な側面に関する事柄」については、「(21) 望ましくない結果にもすぐに気持ちを切り替え、立ち直ること」、「(25) ネガティブな結果（査読結果等）に対して冷静に分析できること」、「(26) ネガティブな結果（査読結果等）による落ち込みから立ち直れること」といった"ネガティブな結果に対する対応"に関する事項、「(22) 真面目に手を抜かず、全力で取り組むこと」、「(23) 学位取得に向けた強い気持ちを持ち続けること」、「(24) 研究活動を途中で投げ出さない気持ちを持ち続けること」といった"研究活動に対する心構え"に関する事項について学生自身が努力して身に付けようとしていることが示された。

　これらの結果から、査読付き学会誌に採択される論文を書くために学生自身が特に努力して身に付けようとしている具体的な事項が明らかにされたといえる。指導においては、これらを十分にサポートすることが重要であろう。

⑤ 査読付き学会誌に採択される論文を執筆するために、指導教員からの指導で役
に立ったこと

　表9は「査読付き学会誌に採択される論文を執筆するために、指導教員から
の指導で役に立ったこと」について、予備調査で抽出された5項目に対する同
様の5段階評定尺度の平均評定値（標準偏差）を示したものである。各項目に
対する修了生、在学生の意識の強弱を査定するために、同様の一群 t 検定を
行った。その結果、5項目すべてにおいて平均値よりも高いという有意差が
あった（t(19)＝10.34 [（1）]、8.19 [（2）]、11.34 [（3）]、13.65 [（4）]、10.34 [（5）]、：
いずれも p＜.001）。これらの結果から、「査読付き学会誌に採択される論文を執
筆するために、指導教員からの指導で役に立ったこと」については、「（1）個
に応じた指導を受けること」の“個別指導”に関する事項、「（2）採択される
見込みのある研究テーマであるか否かについて助言を受けること」、「（3）論
文の問題点を査読者視点で指摘されること」、「（4）査読に対して、誠実に向
き合い、丁寧に説明することの大切さを指摘されること」、「（5）研究計画の
段階から査読を意識してアイデアを練ることの大切さを指摘されること」と
いった“査読を意識した指導”に関する事項が強く意識されていることが示さ
れた。多くの項目が“査読を意識した指導”にかかわるものであったことから、
教員自身も論文を投稿し、査読を受ける経験を豊かにして、充実した指導に結
びつけていくことが重要であることが示唆されたといえよう。

表9　査読付き学会誌に採択される論文を執筆するために、指導教員からの指導で役に立ったこと

項目	平均値（標準偏差）
（1）個に応じた指導を受けること	4.52（0.94）***
（2）採択される見込みのある研究テーマであるか否かについて助言を受けること	4.31（1.02）***
（3）論文の問題点を査読者視点で指摘されること	4.48（0.83）***
（4）査読に対して、誠実に向き合い、丁寧に説明することの大切さを指摘されること	4.57（0.73）***
（5）研究計画の段階から査読を意識してアイデアを練ることの大切さを指摘されること	4.31（0.81）***

*** p ＜ .001

⑥ 博士論文にかかわる研究成果を、今日の教育課題の解決と学校教育の質的改善・改革に貢献させるために必要な力

　表10は、「博士論文にかかわる研究成果を、今日の教育課題の解決と学校教育の質的改善・改革に貢献させるために必要な力」について、予備調査で抽出された4項目に対する同様の5段階評定尺度の平均評定値（標準偏差）を示したものである。各項目に対する修了生、在学生の意識査定するために、同様の一群t検定を行った。その結果、4項目すべてにおいて平均値よりも高いという有意差があった（$t(19)=14.46$［（1）］, 21.62［（2）］, 16.65［（3）］, 16.29［（4）］：いずれも $p<.001$）。これらの結果から、博士論文にかかわる研究成果を、今日の教育課題の解決と学校教育の質的改善・改革に貢献させるために必要な力として修了生や在学生が意識しているものとしては、「（1）研究成果の意義や価値を現場に分かり易くプレゼンする力」や「（4）現場の教師とコミュニケーションを取りながら合意形成する力」といった“教育現場との連携”に関する事項、「（2）学校現場の課題を理論的に解釈する力」や「（3）理論を実践に応用できる力」といった“理論”に関する事項が挙げられることが示された。特に“教育現場との連携”は、研究成果を教育実践に役立てるためには不可欠なことであることから、指導においても常にこの重要性については学生に意識付けをしておく必要があることも示唆されるであろう。

表10　博士論文にかかわる研究成果を、今日の教育課題の解決と学校教育の質的改善・改革に貢献させるために必要な力

項目	平均値（標準偏差）
（1）研究成果の意義や価値を現場に分かり易くプレゼンする力	4.69（0.75）***
（2）学校現場の課題を理論的に解釈する力	4.71（0.51）***
（3）理論を実践に応用できる力	4.62（0.62）***
（4）現場の教師とコミュニケーションを取りながら合意形成する力	4.60（0.63）***

*** $p < .001$

3 ｜ 総合考察

　本章では、学校における先端的な諸課題の解決をミッションとする先端課題実践開発連合講座のマル合教員と修了生・在学生を対象として教員の研究指導

や学生の研究活動に関する実態や様々な側面に関する意識を調査した。教員の研究指導に関しては、特に研究活動や論文執筆に関する直接的な内容に関して重視している意識が強かったが、学生の方も、現職教員の立場の者が多く、特に研究活動を進めるにあたっては、様々な側面で意識を変容させなければならず、学位取得を実現させるには、研究活動、論文執筆にかかわる事項は最も重要な指導のポイントとなっていることが示されたといえる。さらに、学位取得の大きなハードルとなっている査読付き論文の掲載については、学生側から教員の指導として役立ったと意識しているものに、研究計画から論文執筆、査読者とのやりとり、において常に査読を意識した指導があった。このことから教員自らが論文投稿や査読者とのやりとりに関する経験値を高めておくことの重要性が示唆されるであろう。さらに、論文投稿ではネガティブな査読結果に対して、落ち込まず、冷静に問題点や課題を冷静に分析し、次の投稿に繋げるといったことも重要であり、教員には、これにかかわる精神面、テクニカル面のサポートが強く求められているといえるであろう。

　教育実践の先端課題に取り組むことをミッションとする先端課題実践開発連合講座の研究成果には、教育現場の課題を解決することに貢献することがより強く求められているといえる。この点については、教員の側も指導において学生に対して意識付けることを重視している点も指摘されたことに加えて、学生の側も自らが研究成果を教育現場に理解してもらえることや、研究成果を課題解決に活かすために教育現場と連携する力が必要であることを強く意識していることから、教員、学生とも講座のミッションについては十分に意識していることが示されたといえる。

　今津（2020）は、教育分野における博士課程の課題として、我が国では社会人対象の大学院教育があまり重視されていないが、激しく変動する社会の中で、学び直したい社会人は想像以上に多く、そのニーズの受け皿となるように博士課程を充実させることや、博士課程を修了した後も研究心や探究心を継続させて、各職場の問題や課題を一層追求できる姿勢も将来展望として重要であることを指摘している。本研究から示唆された教員の研究指導や学生の研究活動において重視されているポイントは、これらのリカレント教育や教育実践への貢献にかかわ

る課題に応える教育系博士課程の在り方の方向性を示すものであると考えられる。

　田中・杉山・齋藤・森・松浦（2020）では、博士課程の大学院生が伸長させるべきスキルを体系的に提示するものとして名古屋大学博士課程教育推進機構が作成した PhD スキルフレームワークが紹介されている。そこでは、PhD スキルとして「思考（分析・理解）」、「提案（解決・表現）」、「自律（自己調整・キャリア構築）」、「協働（コミュニケーション・リーダーシップ）」が挙げられており、これらのスキルを伸張させることの重要性が説かれている。本調査で教員・学生が指導面、研究面でともに重視していた研究活動や論文執筆にかかわる事項は「思考（分析・理解）」や「提案（解決・表現）」のスキルと対応しているものと捉えられる。また、教員が重視していた学生に対する精神的サポートや研究観に関する指導は「自律（自己調整・キャリア構築）」のスキルに対応するものであると捉えられるであろう。さらに、学生が研究成果を今日の教育課題の解決と学校教育の質的改善・改革に貢献させるために必要な力として強く意識していた事項は「協働（コミュニケーション・リーダーシップ）」に対応するものであると捉えられよう。これらのことから、本調査の対象であった教員や学生が指導や研究活動の中で重視していることは、求められる PhD スキルの様々な側面の伸張を余すところなく支え得るものであると考えられる。

　先端課題実践開発連合講座は、教育現場の先端課題に取り組むことをミッションとしている特色から、現職教員のリカレント教育の場としての機能を色濃く持っているといえるであろう。本調査から示された教員の学生指導や修了生・在学生の研究活動において重視されているポイントは、リカレント教育の在り方に必要な視点を提供するものであると捉えられると同時に、さらなる充実を目指すための方向性を示唆するものであるとも考えられよう。

【引用・参考文献】
今津孝次郎（2020）「教育分野における博士課程の諸問題と諸課題—星槎大学大学院「博士（教育）」の新たな構築を目指して—」『星槎大学大学院紀要』2（1）、pp.1-36
田中瑛津子・杉山直・齋藤芳子・森典華・松浦好治（2020）「PhD スキルフレームワークの作成と活用—名古屋大学院生の自律的スキル訓練支援—」『名古屋高等教育研究』20、pp.393-411

（田村隆宏）

第6章

教育系博士課程学生の語りから捉える研究意識の変容過程[※]

1 | 問題

　文部科学省（2019）によれば、第4次産業革命がもたらす今後の大きな社会変化に対応するには、大学院教育の体質改善を図り、知のプロフェッショナルが諸外国と遜色ない水準で活躍することが必要とされている。そこには、知識集約型社会を支える人材の育成が我が国の将来の発展の鍵であるという一貫した認識が示されている。具体的な支援も始まっている。例えば、内閣府（2020）は、我が国の研究力を総合的・抜本的に強化するため、「研究力強化・若手研究者支援総合パッケージ」を設け、博士後期課程学生の処遇向上、研究環境の充実等を目指している。

　本章の対象とする、研究・実践ができる研究者及び専門職教育者の育成を志向する教育系博士後期課程（以下「教育系博士課程」とする）においても、将来の社会変化に対応し得る人材育成は、喫緊の課題といえる。一方、教育系博士課程に特有の状況もあり、独自の支援の在り方も求められる。例えば、教育系博士課程では、本務である学校現場で働きながら、研究に従事する博士課程学生も少なくない。教職大学院では、現場実習はあるものの、学校現場から離れ研究に注力できるのに対して、博士課程では、学生は本務を持ちながら研究に向かうこととなる。研究と実践を往還する中で、実践的研究者として力量を形成していくことにもなるが、それは同時に相当の困難を伴うものともいえる。

※　なお本章は、次の論文を一部改変し、統合TEM図とともに掲載した。
　　西山修・溝邊和成・髙橋敏之・松本剛・久我直人・水落芳明・田村隆宏（2022）「教育系博士課程学生の語りから捉える研究意識の変容過程」『岡山大学大学院教育学研究科研究集録』181、pp.15-27

このような学生に、いつ、どのような支援が必要か明らかにすることは、教育系博士課程における研究環境の充実のために不可欠と考えられる。

　教育系博士課程への入学を希望する者は、個々の事情は異なるものの、博士の学位取得という共通の動機を有する。実際に、学位取得が課程修了を意味しており、教育系博士課程の学生（以下「学生」とする）は必然的にそれを目指すことになる。また、研究成果としての査読付き学会誌への掲載は、学生にとって、修了の絶対条件であり、後に詳述する必須通過点（Obligatory Passage Point：OPP）と位置付けられる。しかしながら、入学を果たした学生が、全て順調にこれらを通過し、修了、すなわち学位取得に至るわけではない。兵庫教育大学連合学校教育学研究科（2022）によれば、平成8年度から令和3年度までの全入学者（759名）のうち、3年修了は31.7％、4年以上修了は27.0％、その他（在学も含む）は41.3％であった。

　査読付き学会誌への投稿と、その審査過程では、自らの研究を見つめ直すことが求められ、この過程を経て研究者としての力量が形成されるといえる。一方、力量の不十分さを思い知らされ、意欲低下や葛藤を味わうような経験にもなり得る。中には休学や退学の契機となることもあろう。そのようなとき、指導教員の支援が助勢として働くこともあれば、指導教員からの一言がさらに学生を追い詰めることもあり得る。あるいは、同じ課程に属する仲間との交流が支えになることもあれば、仲間とのネガティブな比較が自信を失わせ、研究動機を減退させることもあり得るだろう。

　本章では、通常の博士課程3年間に加え、受験・入学準備期や学位取得後などを含む中長期の時間的経過の中で、どの時期にどのような研究意識の変容を学生らが経験したか、その過程を問う。これにより、学生らが経験した様々な契機を知ることができ、今後の支援における実践的な手掛かりを得ることも可能となるだろう。研究意識の変化をダイナミックに捉えることで動機の維持、向上や減退を生み出すメカニズム等を明らかにすることができれば、学生が3年間の過程の中で経験する実際に合わせた指導実践への有益な知見が得られると考えられる。そのためには、変容の過程と、変容をもたらす要因を時系列に沿って詳細に見ていくことが肝要である。

そこで本章では、複線径路・等至性モデリング(Trajectory Equifinality Modeling : TEM、サトウ 2009；安田・サトウ 2017) を援用して、博士課程への入学前から学位取得後までを期間と設定し、学生らの研究意識の変容過程を明らかにする。TEM は、非可逆的時間を横軸に、等至点と両極化した等至点を縦軸にして、二次元上に出来事や経験を布置するものである (神崎・鈴木 2021)。非可逆的時間は、私たちの生きる時間が戻ることなく持続しているという性質を示す (サトウ 2009)。また、TEM では、 1 つの結果 (等至点) に至る道筋が複数あると考える (安田・サトウ 2017)。これは、最終状態が初期状態から一義的に定まるのではなく、複数の径路を辿って同じ結果が実現するという考えによる (安田・サトウ 2017)。これに基づき、本研究では、研究意識の揺らぎに直面しつつも、様々な出来事や経験を経ながら、それぞれの到達に至る径路があると考え、議論を進める。

　TEM では、いくつかの基礎概念を用いてプロセスを明示する。このうち、必須通過点は、制度的、慣習的、結果的にほとんどの人が経験せざるを得ない地点を示す概念であり、この概念は個人の多様性を制約する契機を見付けやすくするという点でも重要である (サトウら 2006)。博士課程では、学位取得のためにクリアしなければならない条件や審査の機会が多く規定されており、そこを通過しなければ学位取得、及び博士課程の修了を迎えることができないという独自性がある。例えば、所属講座が定める高い水準の査読付き学会誌 (以下「A論文」と略す) に 2 報掲載することなどが学位申請の条件となっている。また、審査を進める手順なども細かく規定されている。さらに、休学期間や学位申請への入学前の論文の使用など制約も多い。

　安田 (2015) によれば、制度的必須通過点は、制度的に存在し、典型的には法律で定められているようなものであるため、文化的・社会的な力の影響は頑強で、強固なパワーが作用すると指摘されている。当事者とその周囲の者によって、常識的な疑う余地のない当然の通過点と認識されているがゆえに、その径路から離脱することは非難の対象となりやすく、当事者にとっては圧力として感じられることが予想される。学生らは、自らの自由な選択の中で博士課程入学を選んだといえるが、入学後には多くの必須通過点が待ち構えている。

そのため、必須通過点を巡る当事者経験を考察することは、分析の1つの鍵になると予想される。

　以上を踏まえ、本章ではTEMを援用し、学生の研究意識の変容に関連する経験の軌跡を描写する。これにより、時間の経過と場の制約の中での変容を丁寧に捉えることを目指す。また、主に大学を場とする博士課程特有の文化的背景、資源や制約の中、そこでなされる行動選択、意思決定の軌跡を記述する。その後、作成されたTEM図を基に、協力者本人（学生）とともに確認と分析を行い、研究意識の変容過程を可能な限り可視化することを目指す。これらを踏まえて、「実践家を実践研究者として育成・教育するために何が必要か」「実践研究を中心とした学位取得に必要な要件とは何か」等について、教育系博士課程に内在する諸課題を学生の視点から明示することを試みる。

2 ｜ 方法

（1）調査時期・過程

　面接は、主に新型コロナウイルス感染症への配慮から、Web会議サービスを利用し、オンラインにて実施した。実施時期は、協力者と相談の上、決定した。第1回目は、主にラポートを築くことを目的に、和やかな雰囲気で面接の全般的な見通しを話し伝えた。併せて経歴の概略なども伺った。予め記入を求めるワークシートの説明も行い、第2回目の日時の調整を行った。第2回目が、メインとなる面接であった。第3回目は、TEM図案を提示し、これに基づき面接を行った。これらは20XX年11月から20XX＋1年5月に掛けて実施された。第1回目の実施時間は20分から30分、第2回目は40分から70分、第3回目は30分程度であった。

（2）調査・分析手続

　面接への協力者は、A大学大学院連合学校教育学研究科（博士課程）B連合講座に在籍した者のうち、次の条件を満たす者であった。協力者募集は、研究責任者及び共同研究者と検討の上、①博士課程を修了していること、②第1筆

者（面接者）との個人的な関係がないことを条件とした。実際には、既にＡ大学大学院に在学しておらず、本面接に先立って実施された質問紙調査に回答のあった17名（条件①）のうち、第１筆者との個人的な関係がない４名（条件②）が対象となった。協力者Ａは、現在40代前半（対象期間は30代後半頃）、協力者Ｂは50代中頃（対象期間は40代中頃）、協力者Ｃは40代後半（対象期間は40代前半頃）、及び協力者Ｄは30代後半（対象期間は30代前半頃）である。「博士後期課程での経験にかかわるインタビューに協力してほしい」との依頼メールを送信し、全員から快諾の返信を得た。

　本章では、神崎・鈴木（2021）を参考に、協力者の経験の過程を聞き取る手法としてライフライン法を用い、半構造化面接を行った。ライフライン法は、「人生を一本の線で描き、その浮き沈みに着目した語りを聴く方法」である（川島 2019）。ライフライン法を用いることで、協力者はそれぞれ、物理的な時間として経験される博士課程の中で、心理的な時間として経験されたことを、協力者のペースで語ることができる。期間は、緩やかに大学院への入学準備期から学位取得後と定め、研究生活の充実度を１つの指標に線グラフで描くよう求めている。

　面接の冒頭に、「本日は、このワークシート（ライフライン）も拝見させていただきながら、博士課程の期間とその前後を含めて、学位取得や研究をめぐって経験されたこと、起こった出来事、そのときの感情や認識など、よいことも悪いことも含めて、教えていただけたらと思います」と伝えた。主な質問は、「○○の頃、研究をどのように考えていましたか。自分が研究をする目的、意味、意識など、当時どのように考えていたか、自由にお話しください」「このときの状況について教えてください」「このとき、指導教員と話し合ったり、指導を受けたりしたことがあれば、教えてください」「あなたが進む方向に影響のあった出来事、ターニングポイントになるような出来事などがあれば、教えてください」等である。ライフラインの浮き沈みを確認しつつ、入学前から学位取得後までの時系列に沿って面接を進めた。また、これに先立って実施された質問紙調査のうち、「博士課程での学びがその後の実践研究にどの程度役立っていますか」「博士論文（学位申請論文）にかかわる研究活動についてどの

程度の達成感がありますか」（いずれも 0 ～100 までの数字で回答）について、回答された数字となった理由等を訊ね、TEM 図作成の補足資料とした。

　面接実施前に、協力者の許諾を得て、映像と音声を記録した。これにより非言語的な情報も含めて発話内容を吟味できる等の利点があった。文字起こしをしたもの（1 人あたり約7,250～15,200字）を主要な分析資料とした。また、事前に実施された質問紙調査を考察の参考とした。本章では、TEM のうち、等至点、分岐点、必須通過点の概念を用いて経験を整理・分析した。神崎・鈴木（2021）、中坪・田島（2021）を参考に、等至点は「多様な経験の径路がいったん収束する地点」、分岐点は「ある選択によって各々の行為が多様に分かれていく地点」、必須通過点は「制度的、慣習的、結果的にほとんどの人が経験せざるを得ない地点」としている。とりわけ、必須通過点については、他の基礎概念やエピソードとの関係に留意して分析した。

　分析は、荒川・安田・サトウ（2012）、神崎・鈴木（2021）を参考に進めた。まずトランスクリプトを意味のまとまりごとに切片化して、時系列に並べた。次に、テキスト化されたデータを基に、類似した内容の切片をまとめて、内容を表す見出しを付けた。さらに、どの見出しが分岐点、必須通過点に該当するかを検討した。最後に、研究者が最初に設定した等至点を、協力者の意味付けに沿った等至点への書き換えを行った。安田・サトウ（2017）によれば、TEM では、研究の出発点として研究者がまず等至点を設定するが、最初に設定した等至点は研究を駆動するためのものであり、面接や分析を進める中で協力者にとっての等至点へと書き換えることが奨められている。以上の手順により、協力者ごとの TEM 図を作成した。その後、協力者に TEM 図案を提示し、違和感がなく、納得できるものであるという共感が得られるまで修正し、トランスビュー的飽和（サトウ 2015）の達成として各協力者の TEM 図作成を終了した。さらに、これら 4 つの TEM 図をもとに統合 TEM 図の作成を進めた。その際、TEM 図全体の流れ等を考慮しながら、共通する経験のラベルについて表現を調整した。また、個々人の経験の流れと掛け離れたものにならないよう、繰り返し個人の径路を辿り直して、過不足なくリアリティを含んでいるかを確認した。これらの作業は、第 1 筆者を中心に、博士課程主指導教員の経験者である

共同研究者と解釈の可能性等を議論し、修正と考察を進めた。

（3）倫理的配慮

　調査実施にかかわる配慮等は日本発達心理学会（2000）の倫理基準に準じた。また予め兵庫教育大学大学院学校教育学研究科研究倫理委員会の審査を受け承認を得ている（第2021-20号、令和3年9月28日承認）。協力者には、文書及び口頭にて、調査の目的や方法、データの取扱等の倫理的配慮について説明し、確認の上実施した。

3 ｜ 結果と考察 ⋯⋯⋯⋯⋯⋯⋯⋯⋯⋯⋯⋯⋯⋯⋯⋯⋯⋯⋯⋯⋯⋯⋯⋯⋯

　図1-1及び図1-2には、分析により明らかになった学生4名の研究意識の変容過程を示した。学生が博士課程への入学を考え、修了後に至る過程について、学生4名に共通する分岐点を中心に区切ったところ、3つの時期区分が可能であった。第1期は、主に博士課程進学と充実の時期、第2期は、主に研究環境等の状況変化と適応・打開の時期、そして第3期は、主に学位取得と実践的研究者としての模索の時期であった。以下では、これらのうち、第2期及び第3期について述べる。なお本文では、TEM図内のラベルは〈　〉で括り、学生の語りはカギ括弧で示した。

（1）研究環境等の状況変化と適応・打開の時期

　3つの時期区分のうち、第2期が主に研究環境等の状況変化と適応・打開の時期であった。学生らは、それぞれの思いを持って博士課程への入学を果たし、しばらくは比較的順調な研究生活を送る。しかしながら、研究環境等の状況変化の中、それへの適応を求められ打開を探る。

　学生Aは、〈入学後、教職大学院とのギャップ・苦しさを感じる〉ようになる。Aは、「学校現場の多忙さ、しんどさが押し寄せてきた」と語った。「現場の多忙、学校・家庭・研究の3つをやっていく難しさ」を経験し、研究は半分ストップした状態となった。教職大学院の入学時に抱いていた、「現場実践へ

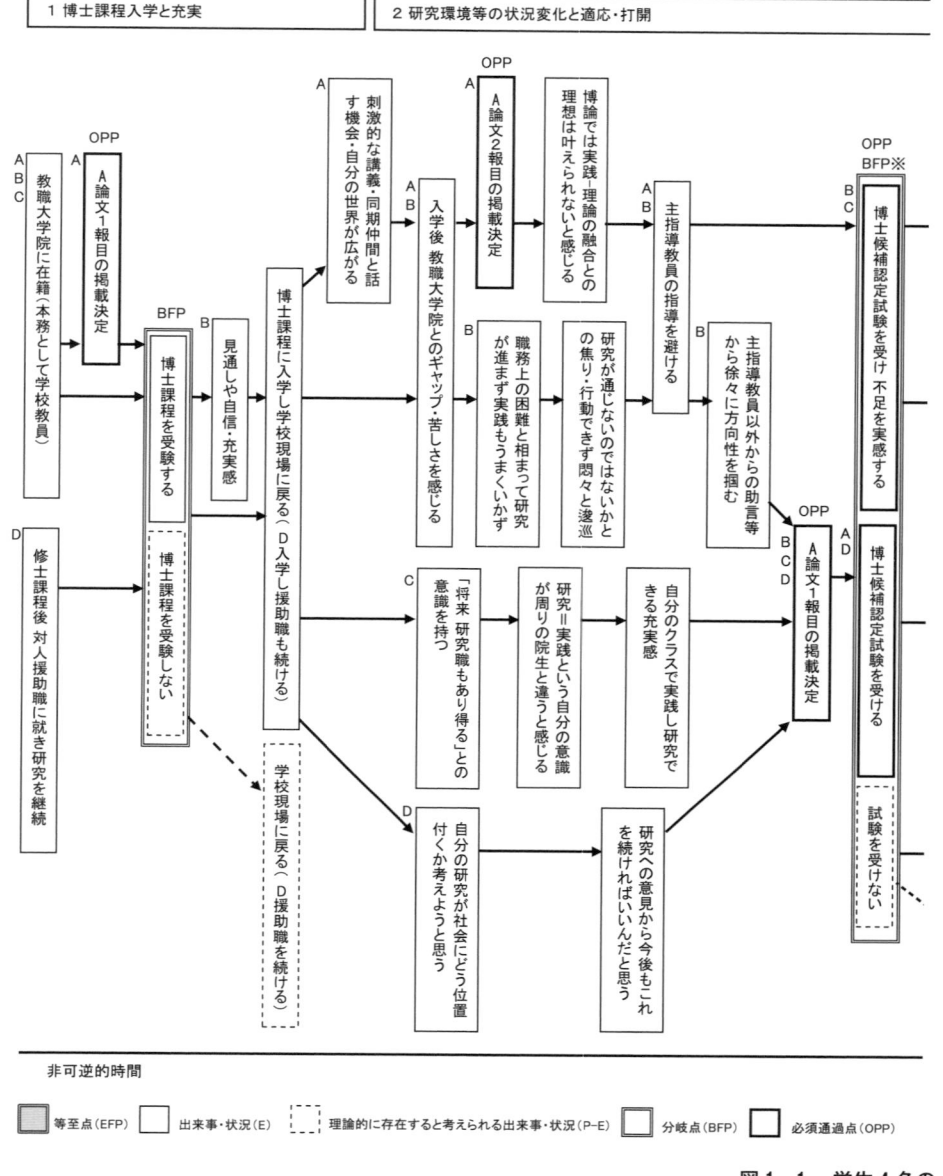

| 1 博士課程入学と充実 | 2 研究環境等の状況変化と適応・打開 |

A
B
C
教職大学院に在籍（本務として学校教員）

OPP
A
論文1報目の掲載決定

BFP
B
博士課程を受験する

博士課程を受験しない

D
修士課程後 対人援助職に就き研究を継続

B
見通しや自信・充実感

博士課程に入学し学校現場に戻る（D入学し援助職も続ける）

学校現場に戻る（D援助職を続ける）

A
刺激的な講義・同期仲間と話す機会・自分の世界が広がる

A
B
入学後 教職大学院とのギャップ・苦しさを感じる

B
職務上の困難と相まって研究が進まず実践もうまくいかず

C
「将来、研究職もあり得る」との意識を持つ

D
自分の研究が社会にどう位置付くか考えようと思う

OPP
A
論文2報目の掲載決定

博論では実践-理論の融合との理想は叶えられないと感じる

の焦り・行動できず悶々と逡巡

研究が通じないのではないかと

研究=実践が周りの院生と違うと感じる

研究への意見から今後もこれを続ければいいんだと思う

A
B
主指導教員の指導を避ける

B
主指導教員以外からの助言等から徐々に方向性を掴む

自分のクラスで実践し研究できる充実感

OPP
A
論文1報目の掲載決定

OPP
BFP※
B
C
博士候補認定試験を受け不足を実感する

A
D
博士候補認定試験を受ける

試験を受けない

非可逆的時間

■ 等至点（EFP）　□ 出来事・状況（E）　┆ 理論的に存在すると考えられる出来事・状況（P-E）　□ 分岐点（BFP）　□ 必須通過点（OPP）

図1-1　学生4名の

90

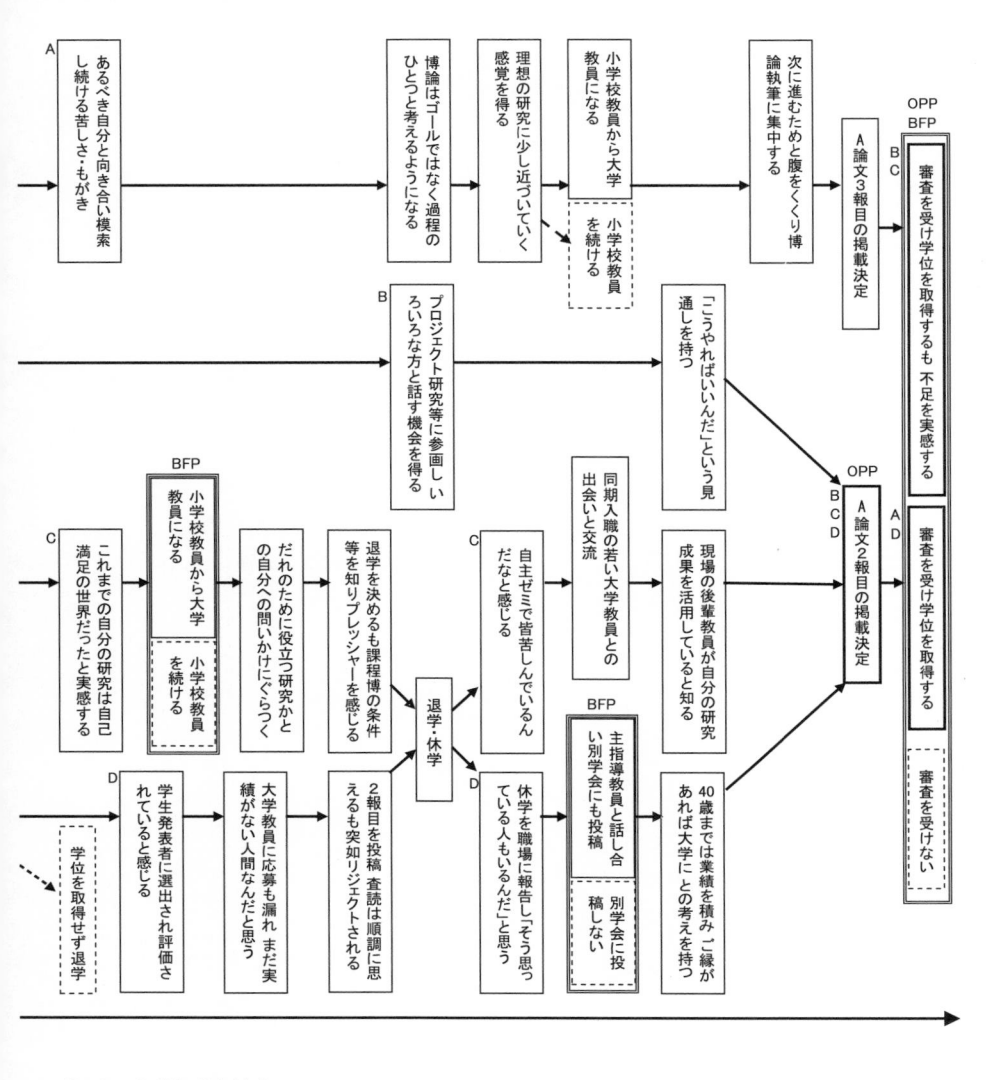

A
あるべき自分と向き合い模索し続ける苦しさ・もがき

博論はゴールではなく過程のひとつと考えるようになる

理想の研究に少し近づいていく感覚を得る

小学校教員から大学教員になる

小学校教員を続ける

次に進むためと腹をくくり博論執筆に集中する

A
論文3報目の掲載決定

OPP
BFP
B
C

審査を受け学位を取得するも 不足を実感する

B
プロジェクト研究等に参画しいろいろな方と話す機会を得る

「こうやればいんだ」という見通しを持つ

同期入職の若い大学教員との出会いと交流

現場の後輩教員が自分の研究成果を活用していると知る

OPP
B
C
D

A
論文2報目の掲載決定

A
D

審査を受け学位を取得する

C
これまでの自分の研究は自己満足の世界だったと実感する

BFP
小学校教員から大学教員になる

小学校教員を続ける

だれのために役立つ研究かとの自分への問いかけにぐらつく

退学を決めるも課程博の条件等を知りプレッシャーを感じる

退学・休学

C
自主ゼミで皆苦しんでいるんだなと感じる

D
学生発表者に選出され評価されていると感じる

学位を取得せず退学

大学教員に応募も漏れ まだ実績がない人間なんだと思う

2報目を投稿 査読は順調に思えるも突如リジェクトされる

D
休学を職場に報告し「そう思っている人もいるんだ」と思う

主指導教員と話し合い別学会にも投稿

別学会に投稿しない

40歳までは業績を積み ご縁があれば大学にとの考えを持つ

審査を受けない

※このBFPに学生Dは含まれない

研究意識の変容過程

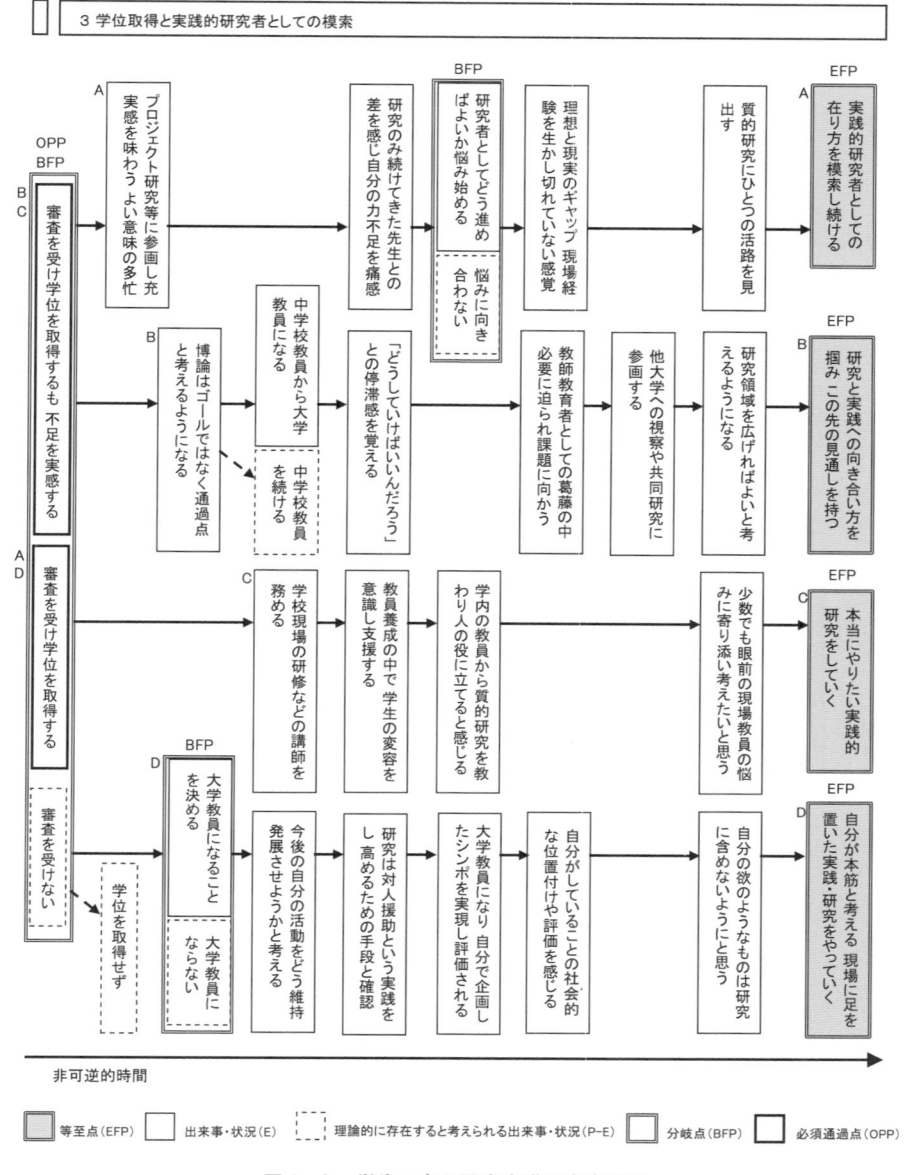

図1-2　学生4名の研究意識の変容過程

の貢献と理論構築」という理想と現実とのギャップを感じ、〈博論では実践 -理論の融合との理想は叶えられないと感じる〉ようになった。博士課程2年目は、進められない自分と向き合い続けることとなった。この頃は、〈主指導教員の指導を避ける〉ようにもなっていたが、「当時の主指導教員の配慮や距離感の有り難さも今は感じる」とも語った。〈A論文2報目の掲載決定〉は早期にあった。博士候補認定試験も順調に終えたが、これを契機に、博士論文執筆の現実味が増し、〈あるべき自分と向き合い模索し続ける苦しさ・もがき〉が続いた。Aはこの時期を「どん底」と表現した。

　博士課程2年の終わり頃、〈博論はゴールではなく過程のひとつと考えるようになる〉。その後に理想の研究に近づいていけばよい、と考えるようになった。博士課程3年目に、〈小学校教員から大学教員になる〉。転職し、研究に取り組める環境を得て、研究生活の充実度は高まった。学位申請に向けて大変ながら、〈次に進むためと腹をくくり博論執筆に集中する〉。

　学生Bは、〈博士課程に入学し学校現場に戻る〉と、生徒指導上の困難など、現場の多忙や過剰な業務が待ち構えていた。また、同僚の異動や現場の荒れもあり、戸惑いと葛藤を覚えた。さらに、主指導教員と話しにくい状況（少し距離を置くという主指導教員の方針や配慮でもあった）が生まれ、身近なところの語り合える研究仲間の不在もあり、孤立感を覚えた。Bは、「入学後こうすればよいと思っていたこととのギャップを感じた」と語った。また、「このような状況の変化を見通せなかった後悔も感じ、研究意欲が低下した」とも語った。学位取得に必要な1報目となる投稿論文がリジェクトされたことも追い打ちを掛けた。自らの〈研究が通じないのではないかとの焦り・行動できず悶々と逡巡〉の中で、手掛かりが見付けられずにいた。「今思えば、主指導教員に相談したらよかったのかとも思うが、当時は、主指導教員の指導方針、B自身の多忙、そして足がなかなか向かなかったことから難しかった」と語った。博士課程3年目に入り、指導的な立場で研修講師などに従事し、自分の立ち位置を確認する機会を得る。また、別分野の副指導教員など、〈主指導教員以外からの助言等から徐々に方向性を掴む〉。そんな折、〈A論文1報目の掲載決定〉があり、その後、博士候補認定試験を受けることができた。Bは、博士候補認定試

験後、〈プロジェクト研究等へ参画し、いろいろな方と話す機会を得る〉。〈「こうすればいいんだ」という見通しを持つ〉ことができた頃、〈A論文2報目の掲載決定〉があり、4年目に学位申請論文を提出するに至った。

　学生Cは、博士候補認定試験で、〈これまでの自分の研究は自己満足の世界だったと実感する〉。「審査の先生方からの質問に答えられないしんどさ」を味わった。しかしながら、「認定試験後、審査の先生方が自分の研究内容について延々と議論され、それを聴くことができ、嬉しさとともに多くの学びを得た」と語った。博士課程3年目に、〈小学校教員から大学教員になる〉。転職し、現場の実践者から教員養成の立場となった。この頃、現場の実践者から教員養成の立場に転職したことによるしんどさもあった。また〈だれのために役立つ研究かとの自分への問いかけにぐらつく〉。さらにこの頃、A論文2報目がなかなか通らず、学位取得のために研究を進めるしんどさも味わう。〈退学を決めるも、課程博の条件等を知り、プレッシャーを感じる〉。

　退学後、〈自主ゼミで、皆苦しんでいるんだなと感じる〉。〈同期入職の若い大学教員との出会いと交流〉は支えとなった。転職による大変さはあったが、研究を進めるための環境には助けられた。その頃、〈現場の後輩教員が自分の研究成果を活用していると知る〉。そのことが契機となり、この後輩教員がどう考え、どう変容していったかに興味・関心がわき、その後の研究の1つの契機となった。

　学生Dは、〈2報目を投稿、査読は順調に思われるも突如リジェクトされる〉。同じ頃、〈大学教員の応募も漏れ、まだ実績がない人間なんだと思う〉。2報目がリジェクトされたことから休学することとなったが、「この時期は、現場で働きながら研究を維持する大変さを感じてもいた」と語った。〈休学を職場に報告し「そう思っている人もいるんだ」と思う〉こともあった。Dは、「研究を進める上で現場を大切にしてきたが、ときにそうした現場主義をよく思わない人の存在を感じ、気分が滅入ることもあった」と語った。

　一方、リジェクトされた論文の再挑戦とともに、〈主指導教員と話し合い、別学会にも投稿〉する方針となった。別学会に出すという発想に至るまでには、考えるところもあった。休学中であったが、定期的な主指導教員の指導・精神

的な面での支えも有り難かった。この頃、〈40歳までは業績を積み、ご縁があれば大学に、との考えを持つ〉ようになる。その後、別学会に投稿していた論文が採択される〈A論文2報目の採択決定〉。これは、結果を淡々と記述する論文であった。2報目が採択されたことから、急ピッチで学位申請論文を書く。Dは審査を受け学位を取得するに至った。

（2）学位取得と実践的研究者としての模索の時期

　学生らは、博士課程入学後の変化への適応を図りながら、学位取得へと歩みを進めた。しかしながら、それをもってそれまでの経験が収束するとは必ずしもいえず、むしろ実践的研究者としての模索という次なる径路が続く。

　学生Aは、〈A論文3報目の掲載決定〉も後押しとなり、学位申請は次に進むための1つと腹をくくり、〈審査を受け、学位を取得する〉。学位取得後は、〈プロジェクト研究等に参画し充実感を味わう。よい意味の多忙〉が続いた。その後しばらくすると、周りの先生方を見て自分の力不足を感じるようになった。純粋にこれまで〈研究のみ続けてきた先生との差を感じ、自分の力不足を痛感〉する。さらに、自分がこれから〈研究者としてどう進めばよいか悩み始める〉ようになる。Aは、「20年間小学校でやってきた現場経験を生かし切れていない感覚を持ちながら、自分が抱いてきた理想と現実のギャップに悩みながらもがいた」と語った。現職教員の院生を指導する立場ともなり、「2年間で、何を身に付けさせればよいのか、現場が求めるものと、腹を据えてどう自分は実践的研究者としてやっていくのかということとを突き付けられている」ように感じている。それは今も続いており、〈実践的研究者としての在り方を模索し続ける〉状況に至っている。

　学生Bは、〈審査を受け学位を取得するも、不足を実感する〉。次の目標が持てずにもいた。やがて、〈博論はゴールではなく通過点と考えるようになる〉。〈中学校教員から大学教員になる〉も、〈「どうしていけばいいんだろう」との停滞感を覚える〉。そんな中、Bは〈教師教育者としての葛藤の中、必要に迫られて課題に向かう〉。〈他大学への視察や共同研究に参画する〉ことを続け、〈研究領域を広げればよいと考えるようになる〉。様々な研究分野からの誘いや繋が

りを契機と捉え、関連性の気付きを充実感に変えていった。Bは、先生方との繋がりの中で現場の課題を捉え、理論を咀嚼し実践への提案をしていくといった、〈研究と実践への向き合い方を掴み、この先の見通しを持つ〉に至っていた。

　学生Cは、4年目に〈審査を受け学位を取得するも、不足を実感する〉。この頃、〈学校現場の研修などの講師を務める〉機会が増え、「専門教科にかかわりのない研修講師の依頼が来るようになったことは自信ともなった」と語った。「少しながら自分のための研究ではなく、周りのためになっていく感覚があった」とも語った。また、大学の同僚と〈教員養成の中で、学生の変容を意識し支援する〉ことを継続した。若手の〈学内の教員から質的研究を教わり、人の役に立てると感じる〉。実践的研究者として、たとえ〈少数でも眼前の現場教員の悩みに寄り添い考えたいと思う〉。「今はまだ他にやることがあるのでは、との主指導教員から助言や、新たに学ぶことの大変さはあるが、〈本当にやりたい実践的研究をしていく〉ことを貫きたい」と語った。

　学生Dは、2報目が採択されたことから、急ぎ学位申請論文の執筆に取り組み、〈審査を受け学位を取得する〉。この頃、「40歳までは業績を積んで」と考えていたが、大学教員公募の話があり〈大学教員になることを決める〉。着任前の多忙の中、〈今後の自分の活動をどう維持・発展させようかと考える〉ようになる。今後の実践と研究の在り方を考える中で、〈研究は対人援助という実践をし、高めるための手段と確認〉する。

　大学教員になると、生活習慣を変え、ルーティン化する中で着々と研究を進めた。〈大学教員になり、自分で企画したシンポを実現し評価される〉経験などから、この頃、〈自分がしていることの社会的な位置付けや評価を感じる〉ようになった。「現場の職員ら、仲間の存在が支えになっていた」と語った。Dは、「現場の方と一緒にやっていくというスタンスを継続していきたい」とも語った。また、研究については、〈自分の欲のようなものは研究に含めないように、と思う〉ようになる。Dは、これらを語りながら、「本筋でありたい」と表現した。〈自分が本筋と考える、現場に足を置いた実践・研究をやっていく〉ことが等至点となった。

　分析では当初、等至点として「学位取得」を設定し、学生への面接を開始し

た。しかしながら、学生本人の語りから導かれる等至点は、学位取得をゴールとするものではなく、その先にあった。例えば、学生Cは、退学の後、〈A論文2報目の掲載決定〉を経て、〈審査を受け学位を取得するも、不足を実感する〉。模索が続く中、〈学内の教員から質的研究を教わり、人の役に立てると感じる〉。たとえ〈少数でも眼前の現場教員の悩みに寄り添い考えたいと思う〉との語りは、学生Cが至った実践的研究者の1つの在り方であった。学位取得は、分岐点であり必須通過点であるが、学生Cにとっての等至点は〈本当にやりたい実践的研究をしていく〉であった。

　学生らの個々の等至点を改めて列挙すると〈実践的研究者としての在り方を模索し続ける〉〈研究と実践への向き合い方を掴み、この先の見通しを持つ〉〈本当にやりたい実践的研究をしていく〉〈自分が本筋と考える、現場に足を置いた実践・研究をやっていく〉となった。それぞれ異なるニュアンスや進行状態を含意しながらも、学位取得の先に、実践的研究者としての模索の過程が確かに存在することが確認できた。それを促すものとして、今回の学生では、主指導教員らのプロジェクトや共同研究に参画する経験や、新しい研究手法との出会いなどが、研究と実践の在り方を考える契機となっていた。個々に相応しい経験は異なるといえるが、教育系博士課程のリカレント教育においては、課程期間後に繋がることを意識した経験や課題を提示するような指導も求められるといえよう。

（3）総合的考察と課題

　本章では、TEMを援用し、教育系博士課程への入学前から学位取得後までを期間と設定し、学生の研究意識の変容過程を明示することを試みた。TEMは、最終状態が初期状態から一義的に定まるのではなく、複数の径路を辿って同じ結果が実現するという考えによる（安田・サトウ2017）。この考えに基づき、本章では、研究意識の揺らぎに直面しつつも、様々な経験や契機を経て、それぞれの到達に至る軌跡の描写を試みた。描かれたTEM図は、学生らが、学位取得を目指し、現場という本務を持ちながら教育系博士課程という環境で研究を進めていく中で、自らの教職経験等を踏まえた研究職の在り方を見つめ直し

ていくという過程を示すものとなった。この学生らの研究意識の変容過程について、最後に、必須通過点の意味から考察を加える。

　今回、学生らの語りから、等至点までに存在する、分岐点、必須通過点を同定できたといえる。このうち、必須通過点は、制度的、慣習的、結果的にほとんどの人が経験せざるを得ない地点を示す概念であり、この概念は個人の多様性を制約する契機を見付けやすくする（サトウら 2006）。本研究では、A論文の掲載決定、博士候補認定試験、学位審査を制度的必須通過点とした。

　例えば、学生Aでは、博士課程の入学前にA論文1報目の掲載が既に決まっており、入学後の早い時期に2報目も掲載となっている。学生Aの場合は、こうした必須通過点が行為選択を制約するものとして強く働いてはおらず、それとは別に、理想とする研究と現実とのギャップを感じるなどの経験をしている。これに対して学生Cでは、A論文1報目は比較的早く掲載決定となり博士候補認定試験を受けるに至ったものの、その後、A論文2報目が通らず、学位取得のために研究を進めるしんどさと同時に、「だれのために役立つ研究ができているのか」という揺らぎを経験している。A論文2報目の掲載決定は、学位申請の条件が整うことを意味しており、学生にとって重大である。しかしながら、同じ必須通過点であっても、そのタイミングや時期により、意味付けは大きく異なる。必須通過点が効力感を高める1つの目標ともなれば、リジェクトが繰り返されることにより、自身の研究の在り方を問い直し、自信や見通しを失うことにもなり得る。

　安田（2015）によれば、制度的必須通過点は、制度的に存在し、典型的には法律で定められているようなものであるため、文化的・社会的な力の影響は頑強で、強固なパワーが作用する。学位取得を目指す学生本人と指導教員ら周囲の者にとって、A論文掲載は疑う余地のない当然の通過点と認識されているがゆえに、そこに至れない状況は、学生にとっては相当の圧力となる。とりわけ、学年が進行するほど、繰り返されるリジェクトは、力量の不十分さを思い知らされ、意欲低下や葛藤を味わうような経験にもなり得る。指導教員には、学生本人の受け止めを理解した上での支援・指導が重要となる。一方、先述のように学生は、実践と研究の在り方を真摯に模索していることを考えれば、学位取

得を目標としつつも、研究者としての成長を支える期間と捉え、長期的な視点で指導することも大切と考えられる。

　学生の研究意識の変容過程に焦点を当て、学位取得とその後の研究生活に向けて歩む過程を描いた本章は、支援・指導が必要なポイントを同定し、学生に何が必要かを検討する材料を示したという点で一定の成果を得たといえる。一方、今後の課題としては、同じ過程を共に進みながらも立場を異にする主指導教員の語りと摺り合わせ、現実的な支援・指導の手立てを導くことが肝要と考えられる。

【引用・参考文献】

荒川歩・安田裕子・サトウタツヤ（2012）「複線径路・等至性モデルの TEM 図の描き方の一例」『立命館人間科学研究』25、pp.95-107

兵庫教育大学連合学校教育学研究科（2022）「兵庫教育大学大学院連合学校教育学研究科の現状について」（未刊行）

神崎真実・鈴木華子（2021）「不登校経験者が高校を経由して進路選択に至るプロセス：複線径路等至性モデリングによる学校経験の理解」『発達心理学研究』32（3）、pp.113-123

川島大輔（2019）「ライフラインメソッド」サトウタツヤ・春日秀朗・神崎真実（編）『質的研究法マッピング ―特徴をつかみ、活用するために』新曜社、pp.30-35

文部科学省（2019）「2040 年を見据えた大学院教育のあるべき姿～社会を先導する人材の育成に向けた体質改善の方策～（審議まとめ）」平成31年（2019年）1月22日、中央教育審議会大学分科会

内閣府（2020）「研究力強化・若手研究者支援総合パッケージ」https：//www8.cao.go.jp/cstp/package/wakate/wakatepackage.pdf（閲覧日：2022/8/20）

中坪史典・田島美帆（2021）「幼児教育アドバイザーの継続的な訪問は保育者と幼児教育施設に何をもたらすのか」『幼年教育研究年報』43、pp.35-46

日本発達心理学会（監修）古澤頼雄・斉藤こずゑ・都筑学（編著）（2000）『心理学・倫理ガイドブック―リサーチと臨床』有斐閣

サトウタツヤ（2015）「TEM 的飽和」安田裕子・滑田明暢・福田茉莉・サトウタツヤ（編）『TEA 理論編 ―複線径路等至性アプローチの基礎を学ぶ』新曜社、pp.24-28

サトウタツヤ（編著）（2009）『TEM ではじめる質的研究 ―時間とプロセスを扱う研究をめざして』誠信書房

サトウタツヤ・安田裕子・木戸彩恵・高田沙織・ヤーン・ヴァルシナー（2006）「複線径路・等至性モデル ―人生径路の多様性を描く質的心理学の新しい方法論を目指して」『質的心理学研究』5、pp.255-275

安田裕子・サトウタツヤ（編著）（2017）『TEM でひろがる社会実装 ―ライフの充実を支援する』誠信書房

安田裕子（2015）「分岐点と必須通過点」安田裕子・滑田明暢・福田茉莉・サトウタツヤ（編）『TEA 理論編 ―複線径路等至性アプローチの基礎を学ぶ』新曜社、pp.35-40

（西山　修）

第7章

教育系博士課程の指導者の
語りから捉える学生への指導意識

1 | 問題

　前章では、教育系博士課程学生の研究意識の変容過程について TEM 図を援用した質的分析がなされた。本章では、主指導教員経験者の語りから、教育系博士課程学生への指導における独自性や課題について、Steps for Coding and Theorization（以下「SCAT」とする）を援用した質的分析により明示することを試みる。

　教育系博士課程への入学を希望する者は、博士の学位取得という共通の動機を有する。また、学位取得が課程修了を意味していることから、学生は皆、それを目指すことになる。しかし、学位取得までの道のりは容易いものではない。例えば、査読付き学会誌への掲載は、学生にとって修了の条件となるが、査読を乗り越え掲載に至るには、それぞれの専門領域において相当の学術的な水準が求められる。

　主指導教員は、高度な専門性と経験知を駆使して、学生にとっての先導者となり、苦楽をともにする者となり、背中を押す者となる。博士課程のあらゆるフェーズや状況に応じて、様々な役割を果たし、修了へと導くことが求められる。その期間は通常 3 年を越え、教育系博士課程への受験準備、入学後の論文指導、博士候補認定試験、そして、公聴会・審査会後にも至る比較的長期の指導となる。

　また、主指導教員には、学生への心的側面での支援も求められる。例えば、先述の査読過程では、学生は自らの研究と真摯に向き合うことが求められ、この過程を経て研究者としての力量が形成されるといえる。一方、その過程で自

らの力量不足を思い知らされ、意欲低下や葛藤にも繋がりかねず、主指導教員の適時の支援が求められる。さらに、教育系博士課程では、本務である学校現場で働きながら、研究に従事する博士課程学生も少なくない。年齢的にも学校現場での役割や期待が大きいといえ、それは相当の困難を伴うものといえる。こうした学生への研究等の指導、心的側面での支援に至るまで、主指導教員の役割は総合的、全般的なものといえる。主指導教員がどのような意識を持って指導にあたり、実際にどのような指導・支援を行っているか明らかにすることは、これからの教育系博士課程における指導・援助の充実を考えるために不可欠といえる。

　そこで本章では、Ａ大学大学院連合学校教育学研究科（博士課程）Ｂ連合講座において主指導教員の経験を有する教員を対象に、学生への指導意識にかかわる詳細な面接調査を実施した。これにより、教育系博士課程においてリカレント教育を推進していく上で、今後力を入れて取り組むべき強みや、課題となる点を指導者の語りから捉えることを試みる。

2 ｜ 方法

（1）調査対象

　本研究の協力者は、研究責任者及び共同研究者と検討の上、Ａ大学大学院連合学校教育学研究科（博士課程）Ｂ連合講座にて主指導教員を経験した者のうち、次の条件を満たす者とした。すなわち、①事前に実施された質問紙調査に回答があること、②主指導教員の経験年数が比較的長いこと、を条件とした。その結果、本面接に先立って実施された質問紙調査に回答のあった12名（条件①）のうち、主指導教員の経験年数が９年以上の８名（条件②）から年齢の幅等を考慮し４名が選出された。協力者Ａは、面接時60代前半（経験年数９年）、協力者Ｂは50代前半（経験年数12年）、協力者Ｃは70代前半（経験年数25年）、及び協力者Ｄは50代後半（経験年数９年）である。「博士後期課程での指導経験にかかわるインタビューにご協力いただきたい」との依頼メールを送信し、全員から快諾の返信を得た。

（2）調査内容及び手続

　本研究では、半構造化面接を行った[※]。インタビューの冒頭に、「本日は、博士課程の学生に対して、どのようなことを大切にされて、ご指導・ご支援をされてきたか、順調にいったことも難しかったことも、思いや信念等も含めて教えていただけたらと思います」と伝えた。質問は、博士課程への受験準備から入学後1年目も含む前期、博士課程2年目からおおよそ博士候補認定試験までの中期、公聴会・審査会等を含む最終年度後半から学位取得後までの後期に大まかに分け、原則として時系列に沿って質問をした。主な質問は、「○○の頃、研究にかかわることで、どのようなことを話したり指導されたりしますか。それはどのようなお考えからですか」「○○の後、どのような支援・援助をされていますか、それはどのようなお考えからですか」「博士課程学生が研究を継続する上で直面する困難は、どのような時期に、どのようなことがありますか。それに対して先生はどのようなご指導をなさっていますか」等である。この他に、「研究について博士課程の学生には、どのように取り組んでほしいと考えているか」「学生には、学位取得をどのように位置付け、意味付けてほしいと考えているか」「主指導教員として学生に、何を指導することが大切と考えているか」等、特定の時期にかかわらない、指導方針や信念等も訊ねた。さらに、これに先立って実施された質問紙調査のうち、「博士課程学生への指導について、先端課題に取り組む実践的研究者としての育成・教育がどの程度達成できていると思いますか」（0～100までの数字で回答）について、回答された数字となった理由等を訊ね、分析の補足資料とした。

　インタビュー実施前に、協力者の許諾を得て、映像と音声を記録した。これにより非言語的な情報も含めて発話内容を吟味できる等の利点があった。文字起こしをしたもの（1人あたり約7,260～18,330字）を主要な分析資料とした。また、事前に実施された質問紙調査を考察の参考とした。

※　本章におけるデータ収集、テキストデータ化と分析箇所の抽出、データ管理は西山修氏（岡山大学）が行った。

（3）倫理的配慮

　調査実施にかかわる配慮等は日本発達心理学会（2000）の倫理基準に準じた。また予め兵庫教育大学大学院学校教育学研究科研究倫理委員会の審査を受け承認を得ている（第2021-20号、令和3年9月28日承認）。協力者には、文書及び口頭にて、調査の目的や方法、データの取扱等の倫理的配慮について説明し、確認の上実施した。

（4）分析方法

　分析には、大谷（2008）によって開発された質的分析の手法である SCAT を用いた。SCAT では、マトリクスの中にセグメント化したデータを記述し、そのそれぞれに、①データの中の注目すべき語句、②それを言いかえるためのテクスト外の語句、③それを説明するようなテクスト外の概念、④そこから浮かび上がるテーマ・構成概念の順にコードを考えて付していく4段階のコーディングを行う。さらに、そのテーマ・構成概念を紡いでストーリーラインを記述し、そこから理論を記述する手続きからなる分析手法である。この手法は、比較的小さな質的データの分析にも有効である。また、明示的で定式的な手続きを有するため、初学者が着手しやすい分析方法である（大谷 2019）。SCATでは、データの全体を見ながら分析を開始し、最後までそのデータ全体を見ている。そのため、発話の引用に際しては、データの恣意的な選別にならないよう分析の過程が可視化されて明示的に残り、分析の妥当性確認のための省察を分析者に迫る機能も有している（大谷 2019）。

3 ｜ 結果と考察

（1）指導の特徴や認識

　まず、指導の特徴や指導に対する考え方等を中心に、SCAT による分析結果を端的に示す。以下、下線部は構成概念を示しており、表1、表2、表3及びそれ以降の文章も同様の表記を用いる。

　分析を行った指導者4名それぞれから、学生の実態に応じた手厚い指導、相

手の様子に応じた指導の度合いの調節、個々に応じた実践可能な取組、個々により適した現場密着型の研究協力体制といった構成概念が見出されることからも、指導者は学生の実態や個々のスタイルを尊重した多様な支援を行っていると考えられる。指導者が学生一人一人に寄り添った支援をしていく中で、学生の実態や時期、指導内容により、指導者が主導しながら指導的要素を強く示していく場合もあれば、学生の思いや状況を見守ったり後押ししたりしながら気付きを促す場合もある。指導者は押したり引いたりしながらこのバランスを調整し学生と共同的に研究を進めていることが推察される。

　分析結果を、指導者の思いや伝えたいことを優先した指導者主体の【目標へと誘導する支援】、学生の思いや状況、状態を優先した学生主体の【心的に寄り添う支援】、指導者と学生相互の思いを交錯しながら学生の伴走者、共同者としてかかわる【学生と共同する支援】の3点のカテゴリーに分類し、ストーリーラインから導いた理論記述の代表的なものを表1、表2、表3に示した。理論記述の選択に至っては、少数であっても重要な概念であると評価できるものを協議の上で挙げている。このことは大谷（2017）も、「たった一度しか見い出されない概念でも、その包括性、象徴性、他の概念との関連性、事象や行為に対する説明力、既知の重要な概念との強い関係性などによっては重要な概念だと評価するべきである」と示している。

　また、3点のカテゴリーは、分析結果を分かりやすく示すために分類したが、いうまでもなく実際の援助は、明確に分類することは困難である。指導者は、多様な要素を場や状況、指導者自身の特性を織り交ぜながら、時として併用し、より学生一人一人に応じた援助を試行錯誤していると考えられる。

　さらに、指導者が学生を支援する時期について、前期（入学前から入学後D1の頃まで）、中期（D2から博士候補認定試験の頃まで）、後期（おおむね最終年度の後半から学位取得後）、特定なし（時期の特定なく行われるもの）に分け、時期と支援の方向との関係性も併せて考察する。

（2）【目標へと誘導する支援】

　第1に、【目標へと誘導する支援】に見られる理論記述に着目する。表1は、

【目標へと誘導する支援】の構成概念を基に理論記述を示したものである。実践に即した課題や研究に向き合う覚悟等の意識に対する指導、全体像を見据えながら方向付けたり、思考の整理を促したり、それを言語化させたりする等の論理的思考を促す指導、論文執筆における技術に対する指導等の特性が見られる。これらは指導者が主導で学生の基礎的な力を育み、学生自身の主体的な研究の基盤づくりになると考えられる。特に、前期（入学前から入学後のD1の頃）には、執筆に関する丁寧なレクチャー、リサーチクエスチョンから目的・結論までの整合性を保つノウハウを一つ一つ指導、執筆の基礎トレーニングといった概念が見られる。これは、分析の中に「広い視野と学識及び高度な専門的知識と応用の研究を目的とした課程と教師の実践的な力量を高めることを目的と

表1　各時期における【目標へと誘導する支援】の理論記述

時　期	【目標へと誘導する支援】の理論記述
前　期	・入学前の事前対話を大切にし、個々の学びのスタイルの尊重による丁寧な方向付けを行う。 ・入学前から入学後の現実の道筋への理解と納得による覚悟を促す。 ・現場目線での高い課題意識や現実に向き合う覚悟等を話し合う。 ・実践経験の不足の補充には、真意の掘り下げによる強固な意識付けのために思考の言語化の促進が必要である。 ・課題設定と到達点の明確さが重要であり、論文執筆における目的の不明瞭さの直視を促す。 ・実践から抽出される強固な課題意識の認知や解決に至る方法の念入りな突き詰めをする。 ・現場の課題を研究レベルに落とし込む困難や基礎研究の指導の必要性から丁寧な対話や執筆に関する丁寧なレクチャーが必要である。 ・査読付き論文があることの理想の中で、リサーチクエスチョンから目的・結論までの整合性を保つノウハウを一つ一つ指導する。 ・レビュー論文の中で執筆の基礎トレーニングをする。
中　期	・執筆過程の見直しと訂正を踏まえた全体像の俯瞰により、個々の研究の相互関係と体系化について思考を促す。 ・一つの指標として研究を進めていく上での自分なりの結果となる渾身の一本の価値がその後の研究の道筋となることを教授する。
後　期	・研究者としての人生設計を視野に入れ、博士課程修了後もさらなる継続や発展を見据えた終わりなき探究であることを示唆する。
特　定 な　し	・相手の様子に応じた指導の度合いの調整と必要に応じた積極的指導が重要である。 ・研究と教育現場とのかけ橋となり成果の実践への反映を目指し、他視点に立った研究の具体的な意味の整理と言語化を促す指導が必要である。 ・現場主体の着眼点による課題精錬の助言や提案を行う。

した大学院の位置付けの違いが存在する」「経験値の低さゆえの未熟さや論文
執筆における経験不足という特性がある」等の理論記述が見られることからも、
個々の経歴に応じた指導の必要性と困難性が存在することが伺える。

（3）【心的に寄り添う支援】

　第2に、【心的に寄り添う支援】に見られる理論記述に着目する。表2は、
【心的に寄り添う支援】の構成概念を基に理論記述を示したものである。学生
の気持ちに寄り添った辛抱強い継続的支援、寄り添いの声掛け、個々の学生の
実情に応じた距離感、全面的受容等の構成概念から、指導者が学生一人一人の
実態に向き合い、丁寧に寄り添っていることが予想される。また、挑戦の後押
し、整理と自己認知を促す指導、やる気が出るような刺激、多面的なかかわり
による指導の継続等の構成概念から、指導者が心的に寄り添いながら背中を押
したり、刺激を与えたりと積極的に働き掛けている側面も見受けられる。指導

表2　各時期における【心的に寄り添う支援】の理論記述

時　期	【心的に寄り添う支援】の理論記述
前　期	・教育の根幹にかかわる必然的な課題や現場主体の課題について把握することの重要性を伝え、挑戦の後押しをする。 ・対話による具体化により、ぼんやりとした課題意識や構想の整理と自己認知を促す指導を行う。
中　期	・継続的な目標設定が論文に対するモチベーションの持続促進に繋がるよう、やる気が出るような刺激を与え続ける。
後　期	・最後まで指導するという責任として、論文の体系化が困難な学生に対し、多面的なかかわりによる指導の継続を必要とする。
特　定　なし	・学生の実態に応じた手厚い指導の中で、覚悟の試問をしながら現在の学生の実態に沿う指導方法の追求をする。 ・学生の行き詰まりに対し学生の気持ちに寄り添った辛抱強い継続的支援を行う。 ・仕事と研究の並行の中でのモチベーションの維持・向上のために、寄り添いの声掛けや無意味な言葉とは分かりつつそれでもかける言葉での心の支援、難しく複雑に考え過ぎることでの精神的行き詰まりに対しての発想の転換等の支援を行う。 ・急がずじっくりと個々の学生の実情に応じた距離感が大切である。 ・研究の継続困難に対する自己防衛と逃避の連続に対し、全面的受容と具体的で分かりやすい目標・目的・方法の再確認や見通しの明示化と後押し等、根気強い地道なかかわりを続ける。 ・指導者側の人間性や責任感による、見放さない受容とサポートを行う。

者に、『学生が直面する困難やターニングポイント』について質問した結果、その回答に、「査読付き論文の実績」及び「仕事と研究の両立における研究時間の捻出」の２点の共通的な概念が抽出された。指導者は、学生の投げ出してしまいそうな気持ちに寄り添ったり、苦しんでいる気持ちを受け止めたりしながら、時間や場を調整し、ある一定の社会的評価を得られる論文執筆に向かえるよう支え続けている。そして、その先に研究者として独り立ちする姿を見据え、根気強く地道なかかわりを継続している。指導者側の人間性や責任感を根底に、論文執筆の技術と同様、心を支え続けることの重要性が指摘できる。

（4）【学生と共同する支援】

　第３に、【学生と共同する支援】に見られる理論記述に着目する。表３は、【学生と共同する支援】の構成概念を基に理論記述を示したものである。共同の様相が時間経過とともに変化していることが推察できる。前期は、共同で手立てや見通しの探索や実践課題に対する理論的解明、共同研究者として多様な意見の共有の重視、共同による論理的思考の整理の助長といった概念が見られることから、しっかり話し合いながら互いの思いや考えを知り、信頼関係を築く中で、方針や見通しを整理していく共同であると考えられる。中期は、共に戦う姿勢、一緒になって困難の越境といった概念が見られることから、伴走者として寄り添いながら指導し、共に困難を乗り越える同士のような共同であると考えられる。後期は、現場の課題改善を見越した関係性の継続、互恵的なかかわりでの関係性の継続、関係性の広がりの拠点といった概念が見られることから、互いの関係性の継続や広がり、充実を意識した共同であると考えられる。

　今回調査を行った指導者全てが、一方的にやらせるというスタイルではなく、誘導と寄り添いのバランスをとりながら、互いの思いを交錯し一緒に取り組むという伴走者のような共同の支援スタイルを支持していることが伺える。

　【学生と共同する支援】についての利点として、「学生のフィールドでの伴走共同型での研究が合理的で有効である」「学生の打たれ弱さへの懸念からも共同による研究の遂行が適している」「実践現場を研究の主軸とし、異なる観点からの視点の多様性と独自性による世界の広がりが生まれ、双方の利点と学び

に繋がる可能性がある」「時間の捻出に見られる学生の覚悟と逃避に対し、時間捻出の援助、士気持続の援助、内面的支援等の多方面にわたる最善の努力が求められ、伴走型の共同による援助ゆえの効果がある」といった理論記述が抽出された。共同する支援の利点は、指導者と学生双方にとっての利点とも捉えられ、視点の多様性や広がりによる研究の広がりや深まりに繋がる認識がある。また、学生にとって心の拠り所となることからも効果的であると認識している。

表3　各時期における【学生と共同する支援】の理論記述

時　期	【学生と共同する支援】の理論記述
前　期	・共同で手立てや見通しの探索や実践課題に対する理論的解明等、個々に応じた実践可能な取組をする。 ・学生の主体的取組に対する意見者的な指導よりも、共同研究者として多様な意見の共有の重視をしている。 ・研究の広がりや多様性を見据えて、共同による論理的思考の整理の助長を促す。 ・仕事との両立の中での研究時間の捻出と見通しの困難からも、指導者が共同的な研究の立場として個々により適した連携型の研究形態でかかわる。
中　期	・明確な外部の目標設定に対し、指導者が学生と共に戦う姿勢で必死感を引き出す援助を行う。 ・指導者側の見通しや段取りの必要性、対話による具体的な詰め等、迷いや悩みが存在する中での並走の意識が存在する。 ・一緒になって困難の越境をすることや研究者としての見通しの実感が大切である。
後　期	・研究と実践との往還が重要であり、研究成果の実践への反映を大切にし、現場の課題改善を見越した関係性の継続が必要である。 ・互恵的なかかわりでの関係性の継続による多面的な発展の見通しや、研究領域の近接による互恵性の継続を視野に入れた、様々な学生の関係性の広がりの拠点となることを目指す。
特　定なし	・学生の特性に応じた受容と刺激により、信頼関係を基盤とした程よい距離感で、研究の見通しと継続の刺激を行う。 ・指導過程における細かく丁寧な共有、具体的方法や考えによる共同的な推敲、選択性を掲示し最終判断を尊重、多種多様な研究を参考にした自分なりの研究の道筋を導く等、伴走的な心持ちでの支援が必要である。 ・教育現場の解決困難な課題に対して、実践者の視点と研究者の視点により、視点の多様性の共有による考え方の広がりを生かす。 ・伴走型指導による学生の士気の持続と心強さ、及び研究課題への偏った見方考え方の修正や客観的な視点での気付きを促す指導に繋がる。 ・容易ではない修了までの取組における、互いの信頼関係による二人三脚の地道な蓄積が学生の自立的思考の向上に繋がる。

（5）【学生と共同する支援】の方向性と課題

　指導者の思いと学生の思いを交錯しながら、指導者が学びの伴走者として共同していく中で、学生は指導者への依存的な共同から、研究者としての自立的な共同に向かうことが望まれる。図1は、指導者の思いと学生の思いから見た支援の方向性を【目標へと誘導する支援】【心的に寄り添う支援】【学生と共同する支援】の3点のカテゴリーに分類し、その関係性を試みとして示したものである。縦軸は指導者の思いや考えの現れの強さであり、横軸が学生の思いや考えの現れの強さを示している。

　他方、【学生と共同する支援】についての課題として、「突き放さず一緒にという姿勢で指導しているため、提案や指導における指導者の心的な苦労を伴う」「指導者と学生の共同的な論文執筆の中で、共同と指導の線引きの困難が存在する」「研究の時間確保の面で仕事との両立困難に対して、指導者側の多様な配慮の必要に迫られる」「不測の事態に対する指導者の精神的過酷さが存在する」「指導者側にも査読論文の採択が占める精神的ハードルがある」「学生の人生選択における責任へのプレッシャーが大きい」「伴走型ゆえの自立と依存の駆け引きに細心の注意を払う必要がある」「試行錯誤と振り返りを重ねる中で指導者の領域と学生の領域のちょうどよいかかわり加減の難しさが存在す

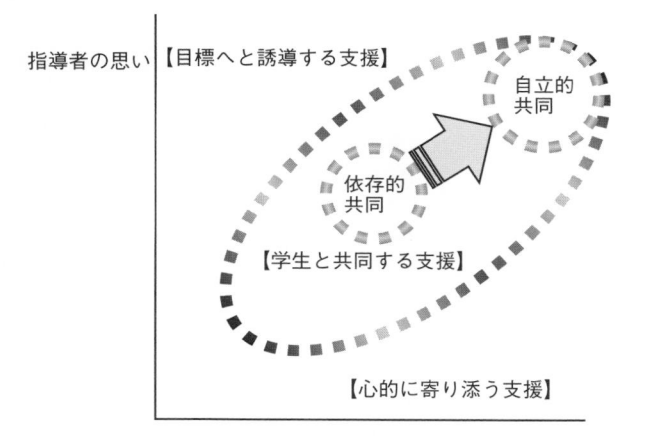

図1　指導者の思いと学生の思いから見た3つの支援の布置

る」といった理論記述が抽出された。教育系博士課程という枠組みの中で、指導者側に存在する試行錯誤や葛藤、プレッシャーといった精神的負担も含め、学生の依存と自立が大きなキーワードになると考えられる。

　さらに、「精神的に密着した師弟関係の中で、苦楽を共にする共同体として学生の結果は自分の力量を問われている実感を持ち、学生の功績は自分の喜びと感じる」「学生の評価は自分の評価と捉え、目に見える評価に対するやりがいを感じる」「学生の評価と自分自身の評価との同一視から、学生を通した自分の成功体験が指導者としての見通しに繋がる」といった理論記述が抽出された。指導者は、学生と共同していく中で、関係性が強固になるにしたがって、学生への思い入れや責任感、学生を通した自分への意識が高くなってくることが予想される。また、学生は、指導者への信頼が依存を生んでいる可能性が予想される。このことからも、指導と共同、依存と自立といった線引きの難しさ、学生を修了まで責任を持って指導していくことの重圧、研究者のスタートラインに立たせ社会に一人前の研究者として送り出していくことの重責、修了後の将来を確約できない現実を捉え、試行錯誤しながら、学位を出すことに対して非常に厳しく信念を持ってかかわっているといえる。

（6）総括

　本章では、SCATを援用し、主指導教員経験者の語りから、教育系博士課程学生への指導における特徴や考え方について質的分析を行い、独自性や課題を整理した。それにより、教育系博士課程のリカレント教育を推進していく上で、今後、力を入れて取り組むべき強みや、課題となる点を明示することを試みた。この結果から、次の点を指摘することができる。

　第1に、指導者に、指導と共同、依存と自立といった線引きの難しさが存在していることである。指導者は、学びの伴走者として共同し指導するスタイルを尊重している。共同の様相は、時間経過とともに変化していくことが指摘できる。本分析において、信頼関係を築いていく共同から、共に困難を乗り越える同士のような共同、さらに、互いの関係性の継続や広がり、充実を意識した共同へと変化していくことが示された。共同する支援は、視点の多様性や広が

りによる研究の広がりや深まりに繋がる認識がある。これは、指導者と学生双方にとっての利点とも捉えられる。さらに、学生にとって心の拠り所となることからも精神的サポートとしての効果が見出される。

　一方で、「指導の手厚さゆえの学生の主体性への期待に対する実際の学生の甘さが存在する」といった理論記述が見出された。研究者のスタートラインとして修了に導く際、依存的な共同から自立的な共同へと向かうことは学生に対する重要な支援の1つと考えられる。

　第2に、学生一人一人の経歴と進路に応じた指導の必要性と困難性が存在することである。「教職大学院の修了者なのか、修士課程の修了者なのか」「実務経験の無い学生なのか、実践現場からの学生なのか、大学現場からの学生なのか」「今後、研究者の道を目指すのか、実践現場のリーダーとなっていくのか」等、一人一人の背景により課題や目的が異なる。指導者は個々に応じた指導内容や指導方法で、自らの経験知を基に見通しをもって指導している。

　他方、教育系博士課程としての修了に至る到達点や求められる修了条件等は、いかなる学生でも同様である。それぞれの指導の必要性や利点、また同一条件により生じる指導の困難性については、学位の学術性に対する質の確保という意味で、今後の課題として後に詳しく述べることとする。

　第3に、指導者側の人間性を根底とした人的環境による指導の成立である。博士課程での時間は濃密で、求められる課題や資質も高度である。そのような中、時間的制約の多い学生や、精神的なフォローを必要とする学生等、様々な事情を抱える学生が存在している。本分析から、指導教員の責任感と苦悩、充実した指導とその後の保証、最後まで指導するという責任、研究者としての自己への厳しさ等の構成概念が見られた。これらからも、多様な学生一人一人を修了まで導くことの重圧や重責、指導者の精神的な負担は計り知れない。現在の教育系博士課程のシステムにおいて、指導者の人的環境は教育そのものの質の担保を担っており、指導者の人間性を含めた指導力と自己への厳しさに懸かっている。

（7）今後の課題

　今後の教育系博士課程におけるリカレント教育の展開において、学びの時間

と場と質の保証が1つの鍵を握っていると考えられる。このことは、先に述べた学生の直面する困難やターニングポイントに関して、「査読付き論文の実績」及び「仕事と研究の両立における研究時間の捻出」の2つが挙げられることからも示唆されている。

　まず、「査読付き論文の実績」に関しては、「研究の表層に捉われて深層への接近を試みないような熱情の不足は、利己主義な狭義の学問的視野に繋がる」「目に見える結果の早急な追究ではなく地道な追究が必要である」「外部評価の重要性を捉えつつ、柔らかい心持ちで臨機応変に対応することも必要である」といった理論記述が抽出された。研究者として、査読付き学会誌への掲載を目指す中で、表面的な力量や目に見える一部の成果だけを求めるのではなく、研究者としての地道な探求の継続と深まりに繋げる必要がある。さらに、柔軟性を持った対応力が求められる。教育実践の課題に対する高い意識や理解、それに対応するための研究能力に加えて、研究者としての確かな信念と、この世界で生き抜くしなやかさを養うことが望まれているといえる。

　次に、「仕事と研究の両立における研究時間の捻出」に関しては、実践研究者として「大学教員とは異なる実践現場教員の研究時間捻出の困難があり、教育現場の多忙と過酷さゆえの現場理解の難しさが存在する」「主体的な課題設定の重要性と同時に、きまりや枠組みに縛られた教師の労働実態から、自由と制約の中で、守られていることでの自由の喪失が存在する」といった理論記述が抽出された。実践研究者が抱える教育現場の実際を捉えた時、研究成果の実践への反映には、研究に専念できる時間の確保と高度な学びを深める場、及び学びを活用できる実践の場の確保が必須である。

　さらに、学位の学術性に対する質の確保も重要である。実践性及び専門性の高度化を追求する中で、より実践に密着した実現可能な研究、教育実践者の専門性の発展という点に着目すると、現場の教員であったり教職大学院の修了者であったりすることの利点が指摘できる。他方、高度な研究能力と専門的知識を備えた学術研究の推進という点に着目すると、修士課程で学ぶ論文執筆の技術や論文実績の土台づくりの利点が指摘できる。査読付き学会誌への掲載実績の必要性も明確である。このことは、本分析の理論記述における「研究と実践

の往還を追求する教育理念と伝統的で格式的な論述を要求される実際との矛盾が生じる」「教員の資質向上の目的と論文執筆実績の要求とのズレから現職教員の査読通過の厳しい現状がある」「学術論文としての実績の重みが存在するが教職大学院と修士課程の目的や学びの違いが存在する」という点からも見出すことができる。それぞれの必要性や利点から生じる矛盾やズレを整理し、互いを生かした住み分けや相互性により総合的に力をつけていくことの必要性が推察される。

　さらに、今回の分析からは、「時代に応じたスキルアップのための社会人の学び直しに対する、制度や環境での保障体制の整備が必要である」「サポートシステムの構築により生涯学習の前進が期待でき、学生・大学院・教育現場の改善及び質の向上の相乗効果が促される」「次世代へのつながりを見据えた日本の教育システムの構築の上でも、博士課程の位置付けと大学院教育の質の相乗効果を見据えた生涯学習における学び直しの意義への接近が重要である」といった理論記述が抽出された。実際に指導に携わってきた指導者から見る、これからの時代を見据えたリカレント化の可能性という面で、制度や環境、保障体制等の外的要因の整備により、現在のきめ細やかな一人一人を大切にした指導が一層生きてくると考えられる。真に学生を大切にしたサポート体制の充実が、大学院の質の向上や教育現場の質の向上となり得る。それらの相乗効果が広く深い意味での質の向上に繋がり得るという意味で注目すべきと考えられる。

【引用・参考文献】
日本発達心理学会（監修）古澤頼雄・斉藤こずゑ・都筑学（編著）（2000）『心理学・倫理ガイドブック ― リサーチと臨床』有斐閣
大谷尚（2008）「4ステップコーディングによる質的データ分析手法SCATの提案 ―着手しやすく小規模データにも適用可能な理論化の手続き―」『名古屋大学大学院教育発達科学研究科紀要』54（2）、pp.27-44
大谷尚（2019）「質的研究の考え方 ―研究方法論からSCATによる分析まで」『名古屋大学出版会』
大谷尚（2017）「質的研究とは何か」『YAKUGAKU ZASSHI』Vol.137, No.6, pp.653-658

（若田美香）

第8章

第**8**章

博士課程修了生による座談会

　「兵庫教育大学大学院 連合学校教育学研究科 先端課題実践開発専攻 先端課題実践開発連合講座」を修了された方々にオンライン会議にお集まりいただき、当時のことを振り返りながら座談会形式で語っていただいた。それをまとめたのが本章である。ここでは、質問紙調査等に表れないそれぞれの思いやドラマを紹介しながら、教育系博士課程の課題や可能性を浮き彫りにしている。座談会に協力くださったのは次の方々。学校現場で働く先生や入学前から大学に研究者としてお勤めの方、中学校教員時に入学され、博士課程在学中に大学に就職された方などである。

座談会協力者（所属、職名は座談会当時）

王子明紀　2016年度入学、現 兵庫県公立中学校教頭

榊原範久　2017年度入学、現 上越教育大学准教授

西田寛子　2016年度入学、現 岡山県公立中学校指導教諭

林　牧子　2015年度入学、現 愛知教育大学教授

　それぞれ入学の目的は異なるものの、熱意を持ってこの博士課程に入学され、様々な工夫や苦労を重ねながら研究を進め、見事に学位を取得されている。座談会で語られた内容には、研究のための時間を確保することの難しさや、なかなか進まない研究への焦りや孤独感など、当人にしかわからない苦しみが吐露されている。そして、それとともに、集中講義で出会った仲間や教員と博士課程修了後も繋がりが継続されていることが紹介されている。

　修了生のみなさんがそれぞれの実践や研究のみならず、ひいては我が国の教育の発展に活かそうとされていることを読み取ることができるはずである。

（水落芳明）

1 | 学位を取得してよかったことは？

林　私は大学を卒業してそのまま修士課程に進み、さらに博士課程に進んだのですが、非常勤講師の話をいただき、博士号を持たないまま就職となりました。博士課程を満期退学のまま就職したので、いつかは博士号を取らなくてはいけないのではないかとずっと悩み苦しんでいました。そんな折に、現在の愛知教育大学から採用の話がきまして、その面接の時に「博士を取るつもりはありますか？」と聞かれたんです。その時は採用してほしかったので「もちろんあります！」と大きな声で答えたのですが……。

一同　（笑）

林　「あります！」と答えてから、10年以上取らないままでいたんです。それで、博士を取得していた同僚の先生に背中を押してもらって、「えい、やあーっ！」で取りました。本当に大変でしたが、長年抱えてきた心の苦しみから解放されました。ようやく博士を取って心の安寧みたいなものを得られたことが一番よかったことです。

榊原　なるほど。ここ（のど元）につっかえていたものが取れたような感じですね。王子さんはいかがですか？

王子　私は、36歳の時に内地留学で大学院に行き、その時に初めて、世の中に修士課程や博士課程があることを知ったほどでした。教育大学の出身ではないので、それまでは修士課程に行くことすら考えていなかったんです。私は社会科の教員ですが、学部時代は社会科の教科書に少ししか載っていない世論調査を勉強していたので、なぜ教育の分野で博士課程に行ったのかと今更ながら思う部分もあり……。実は博士課程に行くにあたっては、専門職学位課程を終えてから何年か間が空いています。

榊原　そうなんですか？

王子　はい。非常に言い方が悪いですが、戦略的に行ったという形です。学会誌に1本論文を通してから2本目の投稿論文を書きかけた時に入学するという形でしたので。中身はともかくとして、おかげさまで3年で修了できました。

その間、みなさんは苦しかったとかしんどかったといいますが、私は公立中学校の仕事と並行して博士課程の研究を行うことは、どちらがどうということではないですが、頭の休憩になっていたと思います。それから、何か必要に迫られて取ったものではなかったので、取ったことよりも、取る過程で自問自答することに本腰を入れられたことと、普段の学校生活では出会えない世界と出会え、出会えない先生に出会えたことが、学位を取得してよかったことです。それに、ちょっと面白いでしょ。公立中学校の教頭の名刺に博士って書いてあると。

一同 （爆笑）

王子 姓も私、特殊じゃないですか。だから鉄板の自己PRになります。

林 なるほど～！

王子 現場でも役立ちます。大学の先生に訊く代わりに、とりあえず王子に電話したら答えてくれて一緒に授業改善をしてくれるはずだと。周囲がそういうふうに見てくれるパスポートを手に入れたような感じです。

榊原 私も教職大学院に派遣院生として行った時は中学校教員でした。そして、教職大学院修了後にストレートで博士課程に進みました。その時は、大学教員になることはイメージしておらず、ただ、研究が面白くて継続して研究したいことがたくさんあったんです。学位を取得してよかったことは、研究者として認められたといいますか、研究者としての自信を持てたということでしょうか。また、大学教員へ転職するためには必要な過程だったのかなと思います。博士の学位ってよくいわれるじゃないですか、「博士の学位は足の裏に付いた米粒。取らないと気になるけど、取ったからといって食べられるわけじゃない」って（笑）。

林 言われますよね～！（笑）

榊原 でも、取りたい。社会科の教師として認められた形（証）として博士の学位を取得したい、という気持ちがありましたね。西田さんはいかがですか？

西田 私は勤務校で研究主任を務めているのですが、博士課程での学びを校内研究での実践につなげた結果、博士号取得と同年度に、博士論文中の実践研究校（勤務校）が県の優良実践校として表彰されました。先行研究を読み、理論

に基づいて実践したことで、諸課題が山積していた学校が見事に変貌を遂げました。受賞のテーマは「校内研究を基軸とした学校改善の取組」です。博士課程の学びは、学校改善に有効であることが証明されたと思っています。学位を取得してよかったことは、このような取組を今後も自信を持って進められることです。先ほど「博士の学位は足の裏についた米粒」という話がありましたが、私はそれをおいしく食べられるお米にしたいなと思っているんです。

2 | 学位取得で大変だったことは？

林 みなさんそうだと思いますが、仕事を持った状態で論文を書き、学会誌に通すということは想像を絶する大変さでした。小学校や中学校の先生方と比べたら、大学教員の私は楽だったとは思うんです。それでも夜中まで研究室で論文を書いて、そのまま床に倒れ込み、そして起きてまた論文を書くみたいな生活は、シンプルに大変だったなと思います。

榊原 投稿論文の執筆は、きっとみんな共通ですよね。博士論文の執筆はいかがでしたか？

林 もちろん大変で、投稿論文もわんこそばのように書いていました。投稿しながら次の論文を書き、査読結果が返ってくると、いつまでだっけ？といった感じでまた書くということを繰り返していました。それと同時に、いくつかの投稿論文を1つのストーリーにつなぎ合わせて博士論文を書くことが、とても大変だったと記憶しています。

榊原 私の場合は、博士課程2年生の時に大学教員に採用されましたので、それはよかったのですが、1年生の時に投稿論文を書いていた時はすごく大変でした。昼間は中学校教員として授業や生徒指導をして、夜になって一息ついたら研究者の頭に切り替えて論文を書く。そういった頭の切り替えが大変だったなと思います。

王子 私は時間を確保することが難しかったですね。ちょうど学位を取った時は息子が中3で高校受験で、仕事も担任で主任もやっていた時でした。学校現場では博士の学位を取ったといっても、「あ、そう」というくらいの話です。

自主的にやっていることだから、博士課程に行ったり、論文を書いたりしているのは「趣味」だと現場では言っていました。嫌だったらやめればいいだけですから、無理なら放り出したらいいやと思っていたのですが、学費を払っているし、やめたらもったいないし（笑）、やっぱり学位はほしいなと思ったんですよね。だから大変だったのは時間の確保だけですね。

榊原　肉体的には大変なことはなかったですか？

王子　私の場合は意外となかったですね。きっと生活などがかかっていないから気楽だったんだと思います。

榊原　なるほど〜。みなさんの共通項としては、やりがいを持ってやっていた、というところでしょうか。

王子　また私の場合は、修士課程で同期の友人が先に学位を取っていたので、アドバイスをもらえて助かりましたね。今でも付き合いがあるのですが、その人は私のことを「クリティカルフレンド」（批評し合える友人）だと言ってくれるんです。本音で話せる仲間がいると大変さも薄れるかなと思います。

榊原　仲間の存在は大きいですよね。西田さんはどうでしたか？

西田　私もみなさんと同様で、論文を書く時間の捻出が大変でした。私は世間一般にブラックと揶揄される公立中学校で、英語科教員として夜遅くまで勤務したり、週末も持ち帰り仕事があったりします。特に英語科は、国レベルで矢継ぎ早に改革が進められ、教員には新しい業務や研修が上乗せされています。英語科教員の働きぶりを見ている他教科の教員からは、「自分は英語科でなくてよかった！」なんて言われる始末です。また、週末は主婦として1週間分の家事と親の介護があります。「悪条件下でも論文を書くには？」というテーマで論文は書けないものでしょうか（笑）。

　そんな中でも一番苦しかったことは、学位取得について周りの理解が得られなかったことです。入学試験を受ける段階で家族に猛反対されました。きつい仕事に加え、家事や親の介護があるからです。反対を押し切っての受験でしたので、博士課程在籍中に家庭では一切研究の話はしませんでしたし、論文を書いている姿は見せられませんでした。家では持ち帰り仕事や家事がきちんとできた上での論文執筆でした。母の抗がん剤治療に付き添う際は、母が点滴を受

ける間、病院にパソコンを持ち込んで論文を執筆していました。母は胃癌・乳癌と闘ってきましたが、それに加えて悪性リンパ腫・ステージ３〜４を宣告され、私の頭が真っ白になっていた時に、２本目のＡ論文の修正依頼がきました。主指導教員の先生からメールで「最新の医療を信じて頑張りましょう」と励まされながらも、論文の上に涙をぽたぽた落としながら、歯を食いしばって修正対照表を書いたのを覚えています。

　また、中学校の職場でも博士課程入学について管理職や同僚からの理解は全く得られなかったので、博士号取得までは、博士課程に在籍していることを周りに話すことができなかったです。博士課程入学後すぐに作成した教職員対象のアンケートも、１つ目の実践研究校（勤務校）では取らせてもらうことができませんでした。組織マネジメントの研究は、内部者（その学校に勤務する教員）からの働き掛けで組織を動かし、アンケートでその変容を見取りますが、実施には困難さを伴います。それが博士号取得に向けての研究ともなればなおさら、教職員からの抵抗は大きなものとなりかねません。管理職や同僚とうまく人間関係を築き、学校改善の実績や信頼を得た上での実践研究となるため、成果をあげるのに時間がかかりました。

榊原　それは大変でしたね。やめたいと思わなかったのですか。

西田　きついなと思ったことは何度もありましたが、途中でやめたいと考えたことは１度もありませんでした。何年かかっても１度決めたことはやり遂げようと思っていました。これは、指導教員の先生方のご指導、ご助言、ご支援があったからこそです。今後、ご恩返しとしても、これまでの研究を更に深めるとともに、学校現場の教育改善に役立てるよう尽力したいと思っています。

3 ｜ 博士課程入学前・在学中・修了後の心境や変化は？

林　入る前は合格できるのかという不安がすごく大きかったです。私の場合は追い詰められていたといいますか、大学教員として博士号を取ることが至上命題になっていましたので、まずは合格しなければいけないという思いがありました。入試には英語もありましたので、英語を必死で勉強したのを思い出しま

す。在学中は、普段自分が学生に教えているようなことを、自分が学生として教わるという経験をし、「こういうふうに説明すればわかりやすいんだ」と、客観的に学べたことがとても勉強になりました。それと同時に、自分の専門分野だけではなく、いろいろな分野の方と交流する機会があったので、視野を広げるきっかけになったと思います。そして、修了後は、開放感がありますよね。やりきったという多少の自信もあります。些細なことかもしれませんが、博士の学位を持てたという充実感があると思います。

榊原　私の場合も入る前は受験が心配でしたね。特に英語が（苦笑）。

林　そうですよね。私は落ちたら恥ずかしいという気持ちがありました。

王子　私は面接が不安でした。願書提出の時に書いた研究計画が浅かったんですよ。研究計画と、出口として書き上げた博士論文って変わるじゃないですか。だから、自分は何をしたいのかがわかっているようでわかっていないということが、面接の場で如実に表れてしまうのが怖かったですね。

榊原　入試時に、博士課程で行いたい研究計画を書く時にすごく悩んだことは、３年間の道標になったと思います。

王子　私は大学院に入ってから学ぶ中で、ある日「自分はこういうことがしたかったんだ」ということが降りてきたんです。それくらい入試の時はおぼろげでした。在学中は、研究の内容に関して「それは違うね」と言われることが、研究者としての資質を否定される感じがして怖かったですね。修了後は、自分のことを教科教育学の研究者と思っていますので、社会科だけではなく、勤務校の様々な教科の先生にアドバイスできるというバックボーンになっていると思います。また、大学の非常勤講師もしていますが、学部生に自信を持って伝えられるという面もあります。

榊原　そうですね。修了後、私も博士という学位は自分の自信や支えになっているので、博士課程に行って、修了してよかったと思います。

王子　林さんや榊原さんのように研究成果として論文を書くのは仕事の１つであり、いわばプロですよね。でも、私の場合はまだ趣味のようなもので、セミプロぐらいの話なんです。実は一昨日も投稿したばかりなんですよ。

榊原　すごいですね！

王子　通るかどうかはわからないですよ。でも、少なくとも修了後は査読者の先生のコメントが腑に落ちるようになりましたね。

榊原　独りよがりの研究ではなくて、ということですね？

王子　そうです。査読者の先生のコメントに対して以前は「なんやね～ん！」と思っていましたが、今は「そうだよね」と思えるようになりました。

榊原　王子さんのように、博士の学位を持っている先生が現場にいることは、管理職のお立場としても、地域の教育研究会を引っ張る存在としても、とても心強いです。現場が理想とする1つの姿ではないでしょうか。理論と実践を往還するという意味で。

王子　今は管理職になったので授業からは外れてしまったんですけれどね。でも、細々とでも続けないといけないなとは思っているんです。続けることが学位をもらった人間の1つの責任かなって。みなさん言われませんでしたか？「学位の取得はゴールじゃなくてスタートだよ」って。

榊原　そうですね。終わりがない、ということで（笑）。

王子　そうそう、「エンドレスな沼」ですよ、これは。

西田　エンドレスといえば、私の場合まさにこれからスタートという感じです。今年度から中学校での勤務に加え、週1日は2つの小学校でも英語の指導をしながら小中連携を進めています。学年主任や研究主任をしながら小学校にも行くわけですから、これまでより業務量は増えているのですが、気持ちの上では余裕があります。仕事をしながらも小中学校でアンケートを取ったりして論文化しようと考えています。仕事をしながら博士課程に在籍したことで、時間の使い方が少し上手になったかもしれません。

　博士課程在籍中は、往復2時間の通勤途上、車を運転しながら研究について考え、学校に着いたら仕事に専念し、帰宅後は家事、そして論文執筆は家族が寝静まった夜中か早朝、と頭の切り替えに努めました。週末の論文執筆中は、食事づくりや掃除がよい気分転換となりました。入学前から修了後の変化としては、入学前は日々の教育活動に追われ、小さな出来事にも一喜一憂していました。博士課程在籍中や博士取得後は、物事を分析的に考えられるようになったと思います。何か起こった時に、「原因は何か？」「その根源的な要因は何な

のだろう？」「ではどうすればよいか？」「もっと他によい方法は？」と少し冷静に分析できるようになったと思います。

4 博士課程の充実に求めたいことは？

榊原　みなさん、これから博士課程の充実のために求めたいことはありますか？

王子　今はオンラインがメインになってきているじゃないですか。確かに平日の夜にもこうして集まって話ができるという点は便利なのかもしれませんが、みんなで集まって対面で学ぶ集中講義は、学校教育以外の別分野の人の話も聞けてとてもよかったです。対面の場の充実を強く求めたいと思います。

林　対面で中間報告をする機会に、同期の学生たちだけではなく、いろいろな先生方から直接ご指導いただけたことは自分にとって意義のあることでした。例えば、オンラインの場では終了後に少し残って話をすることは難しいと思うんですよ。対面だからこそできることがあると思うので。

榊原　連合大学院の強みは大きさだと思うんです。分野を超えて人が集まれる。研究って個人戦では乗り越えられないんですよね。みんなそれぞれに研究をして、論文も書きますが、やはりどこか団体戦であると捉えると、連合大学院の大きさは非常に強みだと思うので、この規模をキープしてほしいなと思います。あとは、みなさんがおっしゃるように、分野を超えて交われる機会が、できれば対面であるといいですね。

林　そうですね。同期の仲間と、「どこまで進んだ？」とか「論文が通った！」とか、お互いに刺激し合いながらできたことは、とても大きかったですからね。

西田　私は、博士課程在籍や博士号取得のよさについて、世間一般にアピールすることが必要だと思います。また、博士取得者が大学だけでなく、小中高等学校でも優遇されるようになればいいと思います。優遇というのは、博士課程での研究が学校現場にもっと活かされるよう、人材の活用を進めることです。学校の教員をしながら博士課程に在籍することについて後ろめたさを感じたり、変人扱いされたりするようではいけないと思います。海外では、小・中学校で

も博士号を持つ教員は多いと聞きます。日本でもその研究が学校現場にもっと還元されるべきです。今日の座談会がその一歩となることを願っています。

5 | 博士課程で得られたものとは？

西田　私の場合は、主指導を引き受けてくださった先生から多くのご示唆をいただき、今後の人生を切り拓く糧となりました。「日本中の子どもを幸せにすることが夢だ」と熱く語られ、それを実現すべく日本中の学校や教育センターを訪問され、学校改善をされる先生のもとで研究できたことはこの上ない幸せです。研究だけではなく、先生のお人柄や生き方にも大きく感銘を受けました。ご自身のことよりも周りの人のことを常に考え、人のために尽くされるお姿を目の当たりにしてきました。私の研究についても常に温かく見守り優しく丁寧にご指導くださいました。博士過程での先生との出会いによって、「研究は人を幸せにするためにあるのだ」という当たり前のことを再認識し、また、研究を進める上で、私自身の人間性を磨いて、人としてもっと成長すべきことに改めて気付かされました。

王子　私は、博士課程に行くとは想像していなかったので、自分の人生が面白くなったなと思います。それから、実践家として自分の中に変な自信はあったのですが、今思えばそこには何の裏打ちもない。仕事の面でもだれかに伝えることのできないアマチュアだったわけです。でも、博士課程で学んだことで、自分の学んでいる姿を生徒たちにも堂々と見せることができたのはよかったです。生徒たちも応援してくれて、「先生、博士号取れるの？」って訊いてくる生徒もいました。もう1つは、なんとなく大学に入学して、何も考えず先生になって仕事をしていた自分を内省できたということです。何をやっている時でも研究のことを考えるくらい忙しかったけれど、その時間のおかげで自分に矢印を向けて考えることができたということが大きかったですね。

林　私は、これは意味があるだろうと確信を持っていたことがあったんです。けれども、それが論文としてかつ博士論文としてまとまるのかどうか、という不安がずっとありました。でも、それが査読付き論文として学会誌に掲載され、

博士論文としてまとめることができたことで、確信していたことが認められ、自分の研究の方向性に自信を持てたことが得られたものかなと思います。

王子　他の人の研究に関心を持てるようになったということはありませんか？研究だけでなく周りの人に関心を持てるようになったといいますか、自分が自分が、というだけではなくなった気がします。

榊原　実践家としては、客観的に物事を見られるようにはなったと感じています。博士課程入学以前は、走るので精一杯でしたが、今では一歩引いて俯瞰的な視点で物事を見ています。例えば、生徒の状況、先生の状況、授業の状況の全体を見て判断できるようになったということがありますね。

王子　その俯瞰的視点というのはとてもよくわかります。例えば、博士課程を出た後に、生徒指導等で若い先生方に言うようになったのは、「指導の絵は描けましたか？」ということなんです。「目の前のことをクリアにするのではなくて、まず指導の全体像を描きなさい」と言うようになったのは、間違いなく博士課程に行ったおかげです。

榊原　投稿論文を書いている時など、自分の研究についてはすごく近くに寄って「虫の目」的に細かく見ますが、それを博士論文にまとめる時には、研究全体を「鳥の目」的に俯瞰で見つめ直すことが求められますよね。そこが博士課程のよさですよね。

林　そうですね。それぞれが投稿論文で研究していることって、狭くてニッチな部分をものすごく掘り下げていくわけです。でも、それらの投稿論文をつなぎ合わせただけでは、1つの大きな博士論文にはならない。だからまさに榊原さんがおっしゃった、虫の目と鳥の目の両方を持って研究を仕上げなくてはならなかった。それができたことが、今の研究業務だけではなく、学生への指導でも役に立っていると思います。それから、新たな自分の発見にもなりました。こんなに頑張れるんだって（笑）。例えば、寝ようと思ってベッドに入るんですけれど、頭が冴えていろいろなことを考えて、飛び起きて、またばーっと論文を書き始めるとか、そういうことが自分はできるんだという（笑）。

6 博士課程で学ぶ意味とは？

王子 論文を仕上げることは、それがどういうレベルだったとしても自分のオリジナルの何かをつくるってことですよね。だから、自分はやり遂げたぞ、という充実感であったり、すごさの実感であったり、他にはない誇りを持っています。それと同時に、自分の研究していることはニッチで、誰からも評価されないという自分という存在の小ささや限界を知ることができるというのもあると思います。研究って最後は限界で終わるじゃないですか。自分の限界を知ることによって学び続けることの素地ができるということかなと思います。

榊原 なるほど〜。

王子 そう、だから博士課程を修了することはゴールじゃないということなんですよ。

榊原 ゴールじゃないって素敵なことですね。「あ〜疲れた」ではなくて「次は何をやろう」って（笑）。

王子 先に言ってしまえば気が楽ですね（笑）！

榊原 私は、人間は学び続けないとそこで成長が止まってしまうという意味で、博士課程は社会人の究極の学び直しの場、それどころかさらに高みを目指して学ぶ場だと思っているんですね。よくリカレント教育っていわれますが、それを体験できたことは自分の人生の中で大きな糧になったと思っています。学位を得ることが目標で入学したわけですが、それ以上に大きなものを得ることができたのは、博士課程のおかげだと思っています。今、私に必要なことは、ここがスタートという気持ちを持つことですね。終わったという気になっていたので（笑）。

林 やはり客観的な目を養えたことだと思います。それは自分の研究が世の中でどれくらいの価値があるのかという客観性もそうですし、先ほどもお話にありましたが、文章等を客観視できるようになったことでしょうか。独りよがりではなく、伝えたいことを表現できる文章になっているかどうかと第三者的に読めるようになりました。それは、論文の書き方、読み方をご指導いただいた

おかげだと思います。今までもわかっているつもりではいたのですが、実は全然わかっていなかったということが、博士課程で学んだ大きな意味です。さらに、学び直しとおっしゃいましたが、私は0（ゼロ）から始めた感じです。死に物狂いで駆け抜けた博士課程でしたが、その中で博士号を得られたことは、やはり私の中では大きな1つのゴールでした。ただ、本当はここからどんどん論文を書いていって世の中に還元していかなくてはいけないと、頭ではわかっているのですが、手が止まっているのも事実です。それについてもきちんと考えていかなくてはならないと再認識しました。

西田　学校現場での実践を研究に高められること、またその研究を学校現場の改善に役立てられることです。学校の課題を分析して解決策を考えるにあたって、経験知だけでなく、確かな理論に基づいて効果的な方法を考案できること、そしてそれをわかりやすく、的確・適正に相手に伝えられるようになることが博士課程で学ぶ意味だと考えます。独りよがりの考え方では、論文投稿しても査読者を説得することはできず、学会発表でも聴衆を納得させることはできません。

　また、学校現場に勤めていただけでは出会えないであろう人々と貴重な出会いができたことです。アカデミックな場所で学問の刺激を受けられたことは、私の人生における大きな財産です。

榊原　これからもたくさんの方に博士課程に進んでほしいですね。実践と研究が乖離していると感じることがあるので、そこをうまく架橋、往還、融合してくれるような先生方が増えるといいですよね。そういう人たちが現代の複雑化する課題を解決し、よりよい教育を実現してくれるのではないかと思っています。自戒の念を込めて、自分もその一人でありたいです。

第9章

連合大学院リカレント・モデルの
アイデア

1 | 成果と課題の整理1：大学院博士課程 ┈┈┈┈┈┈┈┈┈

（1）第2章より

　「知のプロフェッショナル」（文部科学省 2019）が示され、大学院教育の役割
も研究者育成や大学教員養成のみならず、高度専門職業人育成、知識基盤社会
を多様に支える高度で知的な素養のある人材育成が明示されている。本章では、
「知のプロフェッショナル」育成のためのリカレント教育の課題として、学位
の社会的理解、学修環境整備、実践性の高い研究内容、履修年限が挙げられて
いる中で、教育系博士課程の課題が焦点化され、その構造的な結び付きから、
解決の糸口をアメリカの Ed.D. プログラムに求めている。そして、アメリカの
Ed.D. プログラムの史的経緯を捉える過程で、その意義や定義、さらには論文
スタイル等も確認されている。

　上述を踏まえ、教育系博士課程に求められるリカレント・モデルの整理を行
い、今後の展開において、重要な知見を提出している。集約すると、生起する
教育問題を対象とした理論的・実践的解決によって、その実践性の高度化を確
かにする点にあるといえる。そのことによって、教育系博士課程の社会貢献に
対する認知と期待が高まり、職との繋がりや学修者への時間的・経済的な社会
的支援が得られると予想する。また、それは、履修期間の長期化の解消にもつ
ながると考えられる。なお、こうした教育系博士課程における実践性の高度化
は、教職大学院との接続や実践性を担保するカリキュラムの構成、さらには、
指導教員の質の保証も整える必要がある。指導教員のチーム制など現有のもの
に加え、本連合講座の特質を活かした体制が求められる。

（2）第3章より

　1996年に発足した本連合大学院は、その使命を「高度な研究指導能力を有する実践者及び実践に根ざした研究者の育成に寄与する」こととし、この四半世紀の間に500名を超える学生に博士（学校教育）の学位を授与してきた。本章の始まりでは、その理念につながる「教育実践学」や研究活動としての「教育実践学論集」（学術論文誌）が示されていた。前者は、岩田（2006）によって、いわゆる教育学との違いが整理され、後者は、「教育実践学」の体系化への寄与と本連合大学院の独自性を構築することを目的とされていたことがわかる。

　上記の後には、統計資料をもとに、志願者・入学者等の変遷を追い掛け、本連合大学院の特徴を捉えてきている。

　開設初期の頃に比べ、入学者の年齢は徐々に上昇し、職業別志願者では、現職教員が増加傾向を辿っていることが明らかとなった。また、修了後の就労状況から、大学等への就職などキャリアチェンジを行った者がいることからも、本連合大学院に対して、現職教員のリカレント教育としての期待が増してきていることがわかる。

　本連合大学院修了者の就労・雇用状況等の実態調査の結果として、大学勤務者の多くは、教職課程の科目を受け持つなど本連合大学院の目的に合致した様子が捉えられた。また、本連合大学院での研究生活が、現在の職に活かされているかという質問に対しては、ほとんどの者が肯定的な回答を寄せていた。「教員・学生間の交流」があった点を評価している意見もあった。

（3）第4章より

　本章では、連合大学院の設立とその背景、講座の新設意義・経緯などをまとめ、そこで提出された論文題目の分析を行っている。

　連合学校教育学研究科（1996年設立）の先端課題実践開発専攻（2009年開設）は、学校教育実践学専攻と教科教育実践学専攻の2専攻を架橋するものと位置付けられ、学校教育に関する学術研究の成果と教育実践に裏付けられた実践知を融合させ、科学的な基盤の上で展開する実践的プログラムの開発研究を行うとされている。また、「教育理論と実践の一層の融合を図り、（…略…）教科横断的な特色あるカリキュラム編成や社会に開かれた学校づくりについて中心的

な役割を担うことのできる人材の養成、高度な専門性と実践力を持った教員養成を目指す教職大学院の実務家教員を含め、高度な資質能力を持った研究者あるいは指導者の養成」を目的としている。

分析対象となった論文44編の分析結果から、本講座が対応する研究分野14分野のうち多くの分野に対応する論文が見られたものの、4分野（学校経営、キャリア教育、メディア・コミュニケーション学、社会心理学）に成果が確認されていない。この点に関しては、受け入れる側の教員配置に加え、学生側の目指す研究分野、修了後の進路等について検討する必要があるとしている。その理由として、本講座に所属する学生の9割近くが、現職教員であることが挙げられるかもしれない。

2 | 成果と課題の整理2：教員と学生の意識

（1）第5章より

先端課題実践開発連合講座の教員と修了生・在学生を対象として、学位取得にかかる研究指導や研究活動の実態、重視されるポイントなどを明らかにしている。

教員からすれば、指導学生を学位取得に導く上で苦労・苦心したことは、研究活動に必要とされる基礎的な知識・技能に関する指導とその時間確保であった。また、査読付き論文に採択されるための論文指導では、内容面での論理構成に加え、精神的サポートとして査読対応や研究の意義付けなどの研究観の指導も重視されていた。さらに、内容吟味や論文投稿に関するテクニカルな面、研究活動の姿勢も重要なポイントとしていた。博士論文の研究成果に関しては、実践性や現場の課題解決に対する視点を持つこと、学位取得を教育実践の研究者・教育者として進む出発点と自覚させること、学位取得後も指導教員との共同研究が重視されていた。

学生の博士課程への入学動機については、実践力向上、キャリアアップが見られるものの、研究活動への取り組みが中心となっていた。博士論文にかかわる実践研究を進める上で苦労・苦心してきたことは、研究時間の確保、研究手法、学位論文執筆にかかる事項と研究成果の実践への還元であった。また、研究を進める上で、研究的思考や批判的思考が重要であるという意識変化もあった。査読付き論文作成過程で努力した点は、論文の論述、査読への対応などに

加え、研究への取り組み姿勢・心構えが挙げられていた。教員の指導で役立ったこととしては、査読を意識した指導であった。研究成果の還元という点では、教育現場との連携ができることが重要だと捉えていた。

　以上の点を総括すれば、教員・学生ともに論文執筆・採択にかかる査読力の指導と共有・向上が求められるといえる。また、学校現場への還元力ともいえる研究成果の理解・活用といった面への意識付けが重要である。それは、教員・学生の双方にいえる。さらに、こうした大学院における研究プロセスにおいては、教員の学生へのメンタルサポートは欠かせないことはいうまでもない。これらが、博士課程におけるリカレント充実のための要件と受け止めることができる。

（2）第6章より

　学生4名を対象とし、3年間の博士課程とその前後を含めた時間的経緯の中で、どの時期にどのような研究意識の変容を経験したかを TEM（複線経路・等至性モデリング、サトウ 2009）を援用して明らかにしている。その結果および考察として、研究環境の状況変化とそれへの適応過程、実践的研究者としての模索過程、必須通過点の3点が挙げられていた。1点目は、環境の変化によって、行き詰まりを感じ逡巡している時期が見られた。この時期は、学生の成長に必要な時間ともいえるものの、それへの適切な指導が求められる。2点目では、現場の多忙業務等について、実践的研究者を育成していく本課程において重要な課題であることもわかった。また、学生の個々の等至点からすれば、学位取得の先に、実践的研究者としての模索過程が確認される。そして、主指導教員らの研究プロジェクトや共同研究に参画する経験等が研究と実践の在り方を考える契機となっていた。こうした点からすれば、博士課程期間中にその後につながる研究経験を提示したり、指導したりすることが肝要であるといえよう。さらに、3点目の必須通過点に関していえば、学位申請条件となる査読付き論文の受理がなされないなど、そこに至れない状況が生じた場合は意欲低下や葛藤が起こりうる。必須通過点を学位取得に向けたハードルとしつつも、博士課程期間を研究者としての成長を支える充電期と捉え、支援・指導することも重要であることが理解できた。

（3）第7章より

　ここでは、博士後期課程学生への指導について、主指導教員経験者（4名）を対象に、半構造化面接を行い、SCAT（大谷 2008）を援用した質的分析の結果をまとめている。指導時期の区分を前期（入学前から入学後の1年次生の頃）、中期（2年次生から博士候補認定試験の頃）、後期（3年次生後半から学位取得後）、特定なし、としている。

　「目標へと誘導する支援」では、学生自身の経歴を背景とする研究活動（例えば、論文執筆）の経験不足や未熟さに応じた指導の必要性と困難性が個別に存在していることが明らかになった。

　「心的に寄り添う支援」においては、学生のモチベーションが継続し、成果が得られるよう、論文執筆の技術的な指導とともに指導者側の人間性や責任感に基づく精神的な支えを地道に継続的に行うことの重要性が指摘された。

　「学生と共同する支援」では、前期に信頼関係の構築と研究の見通し、中期に、共に困難を乗り越える同志的かかわり、そして後期の互恵的な関係性の継続・充実などが挙げられた。

　このような結果から、次のようにまとめられる。すなわち、指導教員は、常に学び（研究）の伴走者として共同し、指導するスタイルを大切にしている。信頼関係の構築から論文作成に至るまで、丁寧なサポートがなされている。しかし、学生の依存的共同から自立的共同に向かう支援が重要である。また、学生の経歴と進路に応じた指導内容や指導方法が求められ、その質的保障が問われている。さらに、多様な学生に対して修了まで、指導者の人間性等を含めた指導力が求められている。

　最後に、本章では、様々なキャリアを持つ学生への指導を充実させるために、「査読付き論文に関する実績」と「研究時間の確保」を挙げている。また、これからの時代を見据えた社会人の学び直しのシステムとして、制度や環境、保障体制等の外的な整備が必要であるとしている。

（4）第8章より

　博士課程修了生4名（大学教員A、大学教員B、現職教員C、現職教員D）を対象に座談会（グループインタビュー）形式によって得られたデータをまとめると、

以下のようになった。

「入学前・在学中・修了後の変化」では、合格しなくてはならないというプレッシャーがあったものの、学位取得は、充実感や自信がついたと感じている（A、B）。研究計画の曖昧性からくる不安があったものの、学位取得後、教科教育学の研究者を自負し、「学位取得はゴールじゃなくてスタートだ」を意識しつつ、現職教員の立場で研究を継続している（C）。入学前に比べ、在籍中、修了後は、物事を分析的に考えられるようになったと捉えている（D）。

「在学中の思い出」としては、副指導教員の指導が受けられたこと（B、D）、泊を伴う総合共通科目で様々な教員の講義と同期のメンバーの繋がりができたことを挙げている（B）。指導教員の熱心な指導も語られていた（A）。「学位を取得してよかったこと」では、勤務校が県の優良実践校として受賞され、自らの学位取得が貢献できた点を挙げていた（B）。そして、「博士課程で得られたもの」は、主指導教員との出会いとその指導に感銘した（D）ことや自分自身を見つめることができた（C）、自分の研究に自信が持てた（A）、俯瞰的な視点で見ることができるようになった（B）、学んだことを学生指導に役立てている（A）と語っている。

「博士課程で学ぶ意味」については、客観的な目が養える（A）に加え、博士課程修了がゴールじゃない（C）、社会人の究極の学び直しの場、さらに高みをめざして学ぶ場（B）、実践を研究に高め、学校改善に役立てることができる（D）と捉えている。さらに「博士課程で学んだことが今の生活にどう活かされているか」については、特に大学と学校現場とのつなぎ役（C）、実践・研究の往還（D）が示された。

「博士課程の充実に求めたいこと」では、対面式での集中講義（C）、中間報告会での教員の直接指導や同期の学生交流（A）、規模の大きい連合大学院の強みとして、分野を超えて交われる機会（B）、博士課程、学位取得が社会で認知され、活用されること（D）が挙がっていた。

3 ┃ リカレント・モデルの提案

各章に見られる成果・課題を踏まえ、連合大学院博士課程において、先端課題

解決研究にかかわる実践的教育研究者育成のためのリカレント・モデルを構想・提案する。その際、連合大学院博士課程の基本的な枠組みは、以下の通り、これまでのものを踏襲していく。その上で、課題として受け止められる指導にかかわるマネジメントや内容・方法面を中心としたアイデアを展開させていく。なお、本課程の修学期間は、変わらず３年として考えるものの、今回の調査から得られた課題等への対応策の１つとなる、修学前後の期間（修学前２年、修了後３年）を加えたリカレント・モデルとして、その具体的アイデアを示していくことにする。

（1）基盤となる枠組み[※1]
① ３つのポリシー

　リカレント・モデルを構想において、本博士課程のディプロマポリシー・アドミッションポリシーに変更はなく、今日の教育課題の解決と学校教育の質的改善・改革に貢献することを目的とした３年のみの後期博士課程と位置付けている。また、学校教育実践について、高度で専門的な研究を行い、自立的な研究・実践できる研究者及び専門職教育者を志向する人材を求める点においても踏襲していく。さらに、カリキュラムポリシーにおいても、これまでと同様の「総合共通科目」「専門科目」「課題研究」とする区分により実施することに変更はない。

② 教育実践学コンピテンシー

　OECDの定義を踏まえ、教育実践学コンピテンシーを「教育実践に関する研究課題を見出し、仮説・検証を通して理論の構築を図ると共に新たな実践を創造・開発する活動を協同的に遂行し、指導することのできる能力・資質」と定義し、次の５点を要素としている。

- ◆ 多様な教育実践や教育諸課題を観察・分析し、そこから適切な研究課題を設定したり、研究計画を立案したりする能力や資質
- ◆ 研究課題にかかわる仮説を設定し検証する研究を、教育調査や教育統計に関する知識・技能を駆使して遂行する能力や資質

※1　研究指導体制については、以下を参照。https://www.hyogo-u.ac.jp/rendai/guidance/ （閲覧日：2022/12/20）

◆ 研究成果を多様な形で教育現場の実践に還元する能力や資質
◆ 研究の諸局面で積極的に他の研究者・実践者と共同することのできる能力や資質
◆ 研究を指導したり、教育現場の実践を研究的に支援したりする能力や資質

③ 指導体制とフレックスタイム・カリキュラム制度

　連合大学院の利点を活かし、1人の学生に対して、複数の指導教員体制（主指導教員1名、副指導教員2名）としている。それによって、主指導教員の所属する大学で指導を受ける一方で、他大学所属の副指導教員の指導も受けることができる。

　フレックスタイム・カリキュラム制度は、職業を有する学生または、在学中に就職した学生に対する教育方法の特例として位置付けられている。本大学院に入学する学生の職種・職歴の実態から、有効な制度として受け止められる。指導教員や講義担当教員との調整によって、講義の弾力的な運用が可能となることから、学生の時間的負担が配慮される制度であり、リカレント化をより一層充実させる上でも必要不可欠な制度である。このアイデアを踏まえた履修モデルは、以下の表1のように示されている。

（2）改善のアイデア

　上記の履修モデルに対して、修学前後のサポートを入れることによって、リカレント化につながるモデル図を次のようにイメージしている（図1）。図1にしたがって、各ステージでの説明を加える。

① リカレント・プレステージ（修学前2年間）

　第5章、第6章からもわかるように、学生は、修学中に論文作成について相当のプレッシャーが生じていることが明らかとなった。3年間という限られた修学期間内に査読付き論文が提出できない可能性があり、学位取得を断念することも少なくないと考えるからである。修学希望者・入学者の大半が現職教員であり、彼らのリカレントを保障する本講座であることは、第3章、第4章の内容からも

表1　履修モデル

年次		授業科目	単位	履修方法の例		備考
第1年次	前期	課題研究	2	主指導演習 各週土曜 副指導演習Ⅰ（指定日曜）		
		○○教育基礎特別研究	2	A教員各週土曜講義 5〜7月		
		○○教育課程特別研究	2	B教員集中講義 8月中4日間		
		総合共通科目	2	研修施設合宿（2泊3日）		
	後期	課題研究	2	主指導演習 各週土曜 副指導演習Ⅱ（指定土曜）		○○学会誌投稿
		○○教材特別研究	2	C教員集中講義 2月中4日間		
		総合共通科目	2	研修施設合宿（2泊3日）		○○学会誌論文掲載
第2年次	前期	課題研究	2	主指導演習 各週土曜 副指導合同演習（サテライト）	主指導教員及び副指導教員による学位論文作成の指導	博士候補認定試験受験 博士候補認定試験合格
		他専攻の授業科目	2	D教員集中講義 8月中4日間		
	後期	課題研究	2	主指導演習 指定日 副指導演習Ⅰ 〃 副指導演習Ⅱ 〃		学位論文作成着手 △△学会誌投稿
第3年次	前期	課題研究	2	主指導演習 指定日 副指導演習Ⅰ 〃 副指導演習Ⅱ 〃		△△学会誌論文掲載
	後期	学位論文公聴会発表・最終試験準備				学位論文完成・提出 公聴会・論文審査 最終試験 修了認定・学位授与
		合　計	22			

（註）この履修モデルは、3年間の全期間についてフレックスタイム・カリキュラム制度を適用し、その間に修了要件単位数22単位を修得し、かつ、学位論文提出要件（学会誌論文掲載2編）を充足した場合のものである。

	博士課程			
修学前 2年間	第1年次	第2年次	第3年次	修了後 3年間
プレ ステージ	1st ステージ	2nd ステージ	3rd ステージ	アフター ステージ

図1　リカレント・モデル（ステージ）

明らかである。したがって、修学前の事前準備が重要となってくる。これまでも重視されているが、なお重点的に展開するには、「後期課程架橋プログラム」を準備することが考えられる。この考えは、すでに2021年度より取り組まれている

「研究力向上特別プログラム」※2が参考になろう。このプログラムは、「よりアカデミックな研究手法や研究成果の発表のスキル等に関心が強い学生を対象に、研究に関する基礎的な力量を形成する」ことを目的とし、「特別研究科目（連合大学院の教員が担当）」と「質的研究・量的研究（基礎・入門）科目」が用意され、現職教員院生のニーズに応じようとしている。「後期課程架橋プログラム」は、こうした論文作成のための基礎的技術の内容も含め、連携させながら、現職教員が接する機会が少ないとされる「外国文献講読科目」や外国語スピーチも含む「学会発表スキル科目」などの設定が考えられる。これらの設定は、いわゆるリスキリング（reskilling）※3の要素を含み、その一歩といえる。また、このプログラムの特色として、大学院に在籍する現職教員のみが履修可能とするのではなく、他の希望者にも開放し、その単位を博士課程入試の活用可能なマイクロクレデンシャル（micro credential）※4の提供とすることをイメージしている。この対策は、第2章、第3章が示す現職教員の修学希望人数の推移や教職大学院との連携の在り方に対しても、実現可能であり、確かな対応であると認識している。

② リカレント1stステージ（第1年次）

第5章や第6章の記述からも指摘されるように、博士課程在学中は、学生のメンタルサポートが必要不可欠である。第8章で見られるように、同期入学の学生同士の交流がお互いの励みや刺激となった経験から、博士課程に求めたいこととして中間報告会での学生交流が挙げられている。また、2泊3日の合宿形式による「総合共通科目」で得られた繋がりが修了後も継続している報告もあった。第4章でも示されていたように「総合共通科目」は、本講座の教育課程を特徴付ける科目でもある。こうした点を踏まえ、修学直後から学生間の交

※2　「研究力向上特別プログラム」については、以下を参照。https://www.hyogo-u.ac.jp/admission/professional/kenkyuryokukojyo.pdf（閲覧日：2022/12/20）
※3　リスキリング（Reskilling）とは、スキル（skill）を付け直すこと、学び直すことと表現される。経済産業省（2021）によると「新しい職業に就くために、あるいは、今の職業で必要とされるスキルの大幅な変化に適応するために、必要なスキルを獲得する／させること」とされている。経済産業省（2021）第2回 デジタル時代の人材政策に関する検討会 https://www.meti.go.jp/shingikai/mono_info_service/digital_jinzai/002.html（閲覧日：2022/12/20）

流ができる「総合共通科目」の継承・発展型を取り入れておきたい。アメリカ・ハワイ大学（UHM）Ed.D. プログラムで展開されている学生の研究集団（コホート cohort）[5]による研究活動も参考にしつつ、学生の研究集団としての意識形成を図り、ともに高まり合うように入学時のオリエンテーションで説明を加える。具体的には、「総合共通科目」を従来の限られた合宿研修（教員による集中講義）形式にとどまらず、月１回程度の定期的な演習形式（２年間継続）とする。別枠として用意されている「D1セミナー」と合体させた駆動が現実的であると受け止める。もともと、「D1セミナー」は、本課程のイニシエーション的扱いとして、研究計画の交流などをイベント的に行い、各大学の同期の学生のコホート意識を高めることを目的としている。したがって、「D1セミナー」の拡大版としての要素を受け、「総合共通科目」の中で学生の研究活動に対する安心感や研究意欲を保ち続けることができるように、例えば、下記の内容を盛り込んだ講座・演習（本課程以外の講師招聘や修了生の招聘も含む）の設定が考えられる。

・査読者から見た論文作成スキルアップ
・文献資料の収集と管理
・博士候補認定試験の突破対策
・外部資金（ex. 科研費）申請のポイント
・ティーチングアシスタントとリサーチアシスタント（TA、RA）の役割と経験
・研究プロジェクトの参加・協力のメリット・デメリット

[4]　マイクロクレデンシャル（micro credential）
　　https://ec-europa-eu.translate.goog/migrant-integration/library-document/european-skills-agend
　　a-sustainable-competitiveness-social-fairness-and-resilience_en?_x_tr_sl=en&_x_tr_tl=ja&_x_tr_
　　hl=ja&_x_tr_pto=sc（検索日：2022/12/20）
　　経済協力開発機構（OECD）・加藤静香（編著）、米澤彰純（解説）、濵田久美子（訳）（2022）『高等教育マイクロクレデンシャル―履修証明の新たな次元―』明石書店
[5]　以下の文献等を参照。
　　https://docs.google.com/document/d/15ftzHTYZ9Vmt7ULX4xNCqXleI04NKBtwKagm9fAF7-A/
　　edit（検索日：2022/12/20）
　　新保淳・高根信吾・長倉守・白畑知彦（2016）「米国における Doctor of Education プログラムとの比較から見える協働教科開発学の特性」『教科開発学論集』第４号、pp.185-192

・現場視察と問題点の分析演習

・『博士論文』の特質

・博士論文公聴会への参加

・学位取得とキャリアアップ　　　　など

　これらは、いずれも、第4章で示された「教育実践学の構築にかかわる教育研究の遂行」のための「総合的な資質・能力」の育成に収斂するものであり、第5〜7章で指摘された教員の指導内容をサポートするものとして、その効果が期待される。学生にとっても、仲間に支えられる受容的環境と研究面のリスキリング効果も合わせて実感できるだろう。

　リカレント・プレステージからもそうであるが、特に1st ステージから顕著になってくる課題は、学会参加や研究調査のための旅費・消耗品等の費用についてである。とりわけ、外国にかかわる研究調査や国際学会での発表の場合、それ相当の資金援助が必要となってくる。それに対して、現在、本博士課程で開かれているものは、「国際インターンシッププログラム」と「国際学会等への派遣」である。前者は、海外の研究期間の研究者による指導のもとで調査・研究を行うことができるもので、2〜8週間程度の派遣期間となり、航空運賃や宿泊料などが大学規程に基づき支払われる。上限があるものの、有効活用の可能性は高い。後者も同様に、国際学会への参加に対して支給されるものである。いずれも研究状況（計画・内容等）の確からしさが求められているため、帰国後の還元方法も含め、指導教員から十分な指導を受けておくことが必要条件になっている。指導教員側も連携体制を駆使して、他講座の情報を集めるなどして、資金援助の可能性を検討しておきたい。

③ リカレント2nd ステージ（第2年次）

　第5章や第6章の学生の実態調査結果からもわかるように、1st ステージ後半から3rd ステージ前半まで学位取得の大きなハードルとなっている査読付き論文の作成がメインテーマとなっていることが明確に意識されるため、学生は、それに向けての指導を求めている。特にこの期間では、論文投稿をしても期待する査読結果を得られないことも経験する。また、査読付き論文を持って博士

候補認定試験合格を目指さなくてはならないミッションを抱えていることから、重圧がかかる。第6章の学生の語りもあるように、必須通過点が越えられず、休学へと向かったり、あるいは学校現場での多忙感と孤立感などで意気消沈したりと、様々な様相を呈しながら過ごす時期となる。しかし、査読付き論文が得られると、自信を取り戻し、躍進する契機ともなることも事実である。一方、第5章で明らかになったように、指導教員も学生に応じた基礎的な知識・技能の指導をはじめ、論文作成に関する支援を強く意識している。さらに論文の査読対応に必要な技術指導に加えメンタルサポートも重視してきている。

　こうした点を踏まえ、論文作成指導につながる「課題研究」において、指導教員と学生の1対1の関係性の利点は残しつつも、「論文作成」に関する力量アップの指導体制強化が望まれる。先の「総合共通科目」での学びを活用させる論文作成上「査読力」と研究の貢献を高める「還元力」を育成すべく、主指導教員と副指導教員の密接な連携指導によるプログラムの設定が考えられる。前者の例としては「査読シミュレーション」ワークが考えられる。リジェクトされた過去の論文を用いて複数の指導教員と複数の学生で査読を行い、最終アクセプトされた論文との比較考察を行う。これを個別の「課題研究」内で止めず、1学年下の学生が受講する「総合共通科目」のTAとして参加するなども含めておく。後者の例としては、主指導教員と副指導教員らが関係する研究プロジェクトへの参加・協力することによって実践性の高い教育研究の「還元」性を体感することである。あるいは、学生の外部資金獲得推進プロジェクトの成功によって査読力と還元力の形成が図れる場合もなきにしもあらずであろう。

　この時期、「博士論文」という成果は、一定程度の理解はされていくものの、具体的なイメージがわかないことも少なくない。そのため、時間的経緯の中で不安が膨らむことも多い。そこで、「総合共通科目」での学びを基盤に、後期「課題研究」の取り組みの1つとして、関連する過去の博士論文の公開講読会（修了生：執筆者の招聘を含む）を用意することが考えられる。博士論文を「集めて、読む」から「調べて、使う」への転換を図り、作成に向かうストレスを軽減していくアイデアとして捉えられる。

　また、これまで取り組まれてきた博士課程2年次生の「学生研究発表会（年

末に実施）」という形式の活用も有効な手立てとなるだろう。各講座から1名が発表し、質疑応答の中から、次に向かう研究のイメージを掴み取っていく作業が含まれている。それへの参加は、いうまでもなく、他講座の学生発表や質疑応答の内容から刺激を受け、自身の博士論文作成のヒントを得ることになる意義がある。もちろん、2年次のみの参加ではなく、1年次、3年次においても参加可能であり、それだけの魅力は保障されている。さらに、閉会後の自主的な学生交流会等は、学生間でつくり上げてきたコホート意識を再確認し、互いを励まし合い、高め合う好機ともなる。博士論文作成への査読力アップのみならず、メンタルサポートとして機能する点で、積極的な実施・活用が期待される。

④ リカレント3rd ステージ（第3年次）

博士課程最終年度となる3rd ステージでは、博士論文完成に伴って公聴会・論文審査会、最終試験が予定されている。このハードルまでに査読付き論文2編以上整えておくことが必須である。

一般的に、博士課程認定試験を合格し、かつ査読付き論文2編以上を整えた時点において、ある種の安堵感や達成感、安心感がよぎってくる。博士論文ができたかのような錯覚である。このような時期では、主・副指導教員連携で「課題研究」として博士論文プレ公聴会や模擬公聴会を設定するなどし、モチベーションの継続を図る必要がある。具体的作業として、同期学生の参加を中心とした小規模の公聴会形式を取り入れるようにすれば、実施の可能性も高く、効果も期待できるだろう。

最終試験（多くは口述試験）では、博士論文の内容に対して、様々な観点から質疑がなされ、判定されていくが、その際に、3年間の在学期間中に取り組んだ学会発表や査読付きでない論文も加点対象としていけば、より積極的な博士論文作成につながると考える。

また、3年で学位取得できた学生には、所属していた大学院の図書館、その他の施設利用可（1年間有効）とする特典を付与するなど、学位取得に向けた努力を称する形を示すようにする。このような設定は、期間内での学位取得に向けた学生の取り組み（在学期間の長期化解消）を励ますことに加え、修了後の

キャリアイメージを想定したり、修了後の目的を忘れずに準備を進めたりする副次効果も期待されるだろう。

　ところで、この第3年次では、すでに教育実践学コンピテンシー・チェックシートが個々の学生の足跡（記録簿）として保管されている。先述したように、教育実践学コンピテンシーは、略記すると、「研究の立案」「研究の遂行」「研究の論文化・還元」「研究の協働」「研究指導者・教育助言者としての能力」が構成要素となる。これらの内容を項目とするシートは、セメスター終了ごとに学生によって作成され、主・副指導教員へ提出される。学生にとっては、学びの記録であり、研究活動の段階を自己点検できる貴重なツールである。したがって、セメスター終了直前の「課題研究」で記入した内容をもとに、学生が行うリフレクションに指導教員も加わり、共に成果や課題を確認し、次のセメスターの計画について検討するなど、伴走的な指導を可視化する機会を設けておきたい。その理由として、この一連の作業の繰り返しが、コンピテンシー・ベースの教育活動の成果を示すことにも繋がり、また明確なメンタルサポートとして、学生の研究活動にぶれを生じさせにくくし、次のリカレント・アフターステージを明るくさせると考えるからである。なお、表記法としては、5項目全てを均一に捉えるのではなく、エピソード（日付）を入れるなどして、時系列でわかりやすいように工夫する。総括的な思い出風の記述をできるだけ減らし、各項目の成長の様子を的確に把握することを重視しておきたい。

⑤ リカレント・アフターステージ（修了後3年間）

　例えば、「学位取得後の燃え尽き症候群を含めた研究停滞期に陥らないようにする」（第4章）といった表現からもわかるように、リカレントとしてのアフターステージのニーズは高い。それは、一定期間の研究活動を経た学生のネクストステージに向かう「研究活動の自立化・共同化」支援として受け止められるからである（第7章など）。

　修了生のリカレントとしてのサポート体制は、在学3年間で学位を取得できなかったか、取得できたかによって2つのパターンが考えられる。前者を修了生（A）、後者を修了生（B）と表現するならば、修了生（A）に対して、次の

ような支援体制が想定できる。

　まず、3年間行われてきた主・副指導教員による「課題研究」の継続的指導を可とする点である。1年間の「課題研究特別（要受講料）科目」を設定し、その中で、査読付き論文作成や博士論文完成に向かう指導を受けることから学位取得を目指す。その際のサブシステムとして、在学中に主・副指導教員の関係する研究プロジェクトの参加・協力、あるいはTA/RAを経験したことで得られたポイントを活用し、無料（または少額）で受講できるようにしておく。そうすることで、学費負担軽減や在学中での積極的な研究活動の促しが図れる。ただし、ここでいうポイントは、対象としている各種経験をポイント制にしていることを前提としている。

　修了生（B）に対しては、「還元」をキーワードにしたデザインが考えられる。その1つに修了生（B）による学生指導がある。リカレント・プレステージでの博士課程架橋プログラムやリカレント1st ステージから実施される「総合共通科目」、さらには「課題研究」で博士論文講読会といった場面でのTAや講師を務めることである。また、大学が実施する夏期講習会（教員向け・学生向けや地域・子ども向け）の講師になって、実践性の高い教育研究の還元を図ることもこの範疇に含まれる。

　修了後も継続的に実践性の高い研究活動ができる支援体制も必要であろう。修了生（B）自身による研究プロジェクトの立ち上げなどが可能となる体制づくりである。その期間を3年程度として、これまでの体制の維持を行う。そこでは、主として指導教員が関係する研究プロジェクトへの参加・協力の推奨に加え、他の研究者（国内外）との交流を中心に、継続的な学会発表・論文作成を促す自主ゼミ形式としていく。こうすることにより、依存的な関係から自立的で協働的な関係へと進み、双方の研究活動面において、良好な関係維持と継続が期待できる。

⑥ 指導教員向け研修プログラムの設定

　指導教員の対応等については、次のようなことが述べられてきている。第2章よりPh.D.の枠組みを活かしながら実践性の高度化を図っていくアイデアとして、指導教員のチーム制が挙げられている。主・副指導教員を含め、講座内外の複数教員にアクセス可能な指導体制が求められている。連合大学院を「教授・学生間の交流を持つことができる学びの場」（第3章）と捉える評価や指導教員の専門の

バランスとサポート体制の検討（第4章）もある。第5章からは、指導教員の「査読を意識した指導」が求められている点、教員自身も論文を投稿し、査読を受ける経験を豊かにして、的確な指導ができることが挙げられている。さらに、メンタルサポートの重要性も指摘されている（第6章）。学生一人一人の経歴や希望進路に応じた指導の適切性が求められ、その重圧もある（第7章）。また、素晴らしい指導者との出会いや分野を超えて交われる機会の重要性も読み取れる（第8章）。

　以上より、指導教員への支援体制として求められることは、主指導教員の安定した人数確保にもつながる「主指導教員資格（マル合）取得」を意識した研修や主指導教員になってからの論文作成指導やメンタルサポートのスキルアップの機会提供が挙げられる。特に上述の博士課程のリカレント・ステージでいえば、プレステージからアフターステージまで広がりのある指導力アップを目的とした教員グループセミナーのシリーズ開設である。すなわち、教員連携指導体制づくりのための教員研修プログラムの設定といえる。例として、次のようなセミナーが考えられる。

- セミナー 1 （プレステージ対応）：修士課程や専門職学位課程での「研究力向上特別プログラム」を含み、それを元にした「博士課程架橋プログラム」に想定される基礎科目シリーズ（「質的・量的研究基礎」「論文作成技術基礎」「外国語講読演習基礎」「学会発表スキル基礎」等）にかかわる研修
- セミナー 2 （1st ステージ前半以降）：「総合共通科目」の実施時期と連動させて、そこで扱う項目に関する教員間共通理解と指導力アップ研修
- セミナー 3 （1st ステージ前半以降）：「学生の心理」と「教育実践学コンピテンシー」に関する指導のポイント研修（随時）
- セミナー 4 （1st ステージ後半以降）：「査読シミュレーションワーク」の指導のポイント研修
- セミナー 5 （1st ステージ後半以降）：「外部資金獲得」に関する指導のポイント研修
- セミナー 6 （1st ステージ後半以降）：「研究プロジェクト」「TA/RA」に関する指導のポイント研修
- セミナー 7 （2nd ステージ前半以降）：「博士候補認定試験・学位論文審査」に関する指導のポイント研修

- セミナー 8（2nd ステージ後半以降）：「博士論文」作成に関する指導のポイント研修
- セミナー 9（アフターステージ）：「共同研究」に関する指導のポイント研修
- セミナー 10（全ステージ）：「学生・教員間、学生間に生じるトラブル」に関する指導のポイント研修

　ちなみに、毎年12月後半に実施される博士課程 2 年次生による研究発表会では、発表学生を指導する主指導教員も参加し、研究経過報告等を行う形式が採られている。各講座から学生 1 名の発表がある点、指導教員の研究指導スタイルに共通点が見られる一方、個性的な指導もうかがい知ることができ、学生指導のヒントになることがある。また、学生発表後にも研究指導検討会が設定されている。こうした取り組みを積極的に受け止めるならば、上記で述べたセミナーの内容をこのような場でも取り上げたり、セミナー開講として位置付けたりして、研究指導力の向上の機会をより確かにしていくと効果も表れやすいと考える。さらに、FD 関連の講演会といったプログラムにも指導教員による講演を組み入れたり、セミナー報告会や研究指導シンポジウム等のバリエーションを用意したりすることによって、個人の指導力アップのみならず、研究指導連携体制への理解を含む博士課程指導研修の質がより一層高まるのではないかと考える。

4 ｜ おわりに

　本章では、第 2 章〜第 8 章の成果と課題を踏まえ、 3 年間の博士課程 + a のリカレント・モデルとその指導体制につながるアイデアを提案した。すぐに実行可能であり、着手できる内容がありつつも、引き続き検討を繰り返し、一定の成果とともに定着していかなくてはならない事項も混在しているだろう。今後も学生の受け入れを起点として、その成長の向こうに見られるキャリアアップ・キャリアチェンジ、さらには彼らによる実践性の高い教育研究の社会貢献・変革につながる大学院博士課程の取り組みを求めていきたい。

（溝邊和成）

おわりに

　大学院博士課程の大学教員による学生指導は、実に個性的で、さまざまなタイプが見られる。しかし、それがどのような方法であっても、担当指導学生の研究力向上を期待しない者は、まずいないであろう。特に、筆者たちの所属する教育系博士課程の教員は、実践性の高い教育研究の質向上を目指し、その実践力・研究力・指導力等を兼ね備えた学生を育てることに熱い思いを寄せている。それゆえに、複数大学で構成される連合大学院のメリット・デメリットを整理し、かつ教育系博士課程の抱えている課題に取り組むことを通して、社会に求められる博士課程を志向しようとする意識も高い。

　そうした中、兵庫教育大学連合大学院の構成大学が4大学から6大学に移行する前夜に取り組み始めた研究が、本プロジェクトであった。コロナ禍の3年間の取り組みでもあったため、さまざまな点で、研究方向の修正が余儀なくされた。しかしながら、その都度、より確かに進むための手立てを丁寧に詰めていくことにより、研究を放棄することなく、何とか本書刊行にまで辿り着くことができた。その点、研究内容面で多くの方々にご協力を得たことに感謝する次第である。特に研究対象となって調査協力してくださった博士課程の修了生・現学生をはじめ、退職教員も含めた主指導経験のある教員の皆様には、心より感謝の気持ちを申し上げたい。

　本書の成果は、いうまでもなく、博士課程にかかわった学生、教員を対象にした調査結果をもとにして、リカレント・モデルを提示した点にある。それは、これまで3年間の博士課程のみを対象化して「リカレント」をイメージしていた点に対して、その3年間の内容の吟味・精選・重点化に加え、前後の時期であるプレステージの2年間やアフターステージの3年間を含めたモデルによって、より確かなリカレント性が発揮されるプログラムとなるのではないかという提案である。当然、そこには常に指導学生と教員の二人三脚の研究体制をいかに成立させ、かつ大学院自体が研究集団としての向上をいかに図っていくかについても扱われている。そして、このような生涯にわたって稼働するともいえる大学院博士課程のリカレント研究は、まさに始まったばかりなのである。

今後のリカレントモデルへの挑戦とその成果を大いに期待し、発展を願っている。

　末筆になったが、本研究プロジェクトのメンバーについて少しふれておく。それぞれの紹介は、著者プロフィールに示す通りである。メンバー同士が出会った当時、各大学の先端課題実践開発講座の代表・副代表を務めており、皆、個性的で、相当の強者どもの集まりだったと記憶する。事実、講座会議において、議論を重ねるたびに穏やかならぬ空気に包まれたこともあった。しかし、ある日の会議後、ちょっとした慰労会を大阪の地で開催したことをきっかけに雰囲気が和らぎ、親睦も一挙に深まった。その理由は実に単純なことであった。講座に対する熱い思いや学生指導に対する純粋な気持ちが各人の発想の源であり、それが見事に一致していたことを分かり合えた瞬間が生じたからである。その後、私たちは慰労会会場の名にちなんで、この集まりを「赤鬼会」と称した。そして、その延長線上にこのプロジェクトが立ち上がったのである。今なお、メンバー間で尊敬と慈愛の念を忘れずにいることを誇りとしている。

　最後に、本書刊行を断行してくれた「赤鬼」メンバーの今後の活躍と兵庫教育大学を基幹大学とする連合大学院の発展、さらには、全国の大学院博士課程教育を考える読者の方々の明るい未来に向けて、熱いエールを送り、本書の結びとします。

2023年3月吉日

著者代表　溝邊和成（兵庫教育大学）

著者プロフィール

溝邊　和成（みぞべ・かずしげ）兵庫教育大学大学院学校教育研究科／教授
　初等教育（理科・生活科・総合的な学習の時間）の授業論・カリキュラム論を中心に世代間交流や幼児教育にも関心を寄せ、実践研究に取り組んでいる。
　担当箇所：はじめに、第1章、第9章、おわりに

久我　直人（くが・なおと）鳴門教育大学大学院学校教育研究科／教授
　学級・学校経営実践論を中心に、子どもの変容を機能的に生み出す「効果のある指導」を組織的に展開する「効果のある学級・学校づくり」を進めている。
　担当箇所：第2章

髙橋　敏之（たかはし・としゆき）岡山大学学術研究院教育学域／教授
　保育内容学・芸術教育学・児童文化学を中心に、幼児の表現、言葉、健康、環境、児童文化とそれに関連する保育実践、家庭教育の研究に取り組んでいる。
　担当箇所：第4章

田村　隆宏（たむら・たかひろ）鳴門教育大学大学院学校教育研究科／教授
　発達心理学・幼児心理学を中心に、幼児の言語獲得過程、レジリエンスの発達過程、幼児期のICT教育、保育の質向上に関するテーマに取り組んでいる。
　担当箇所：第5章

西山　修（にしやま・おさむ）岡山大学学術研究院教育学域／教授
　「保育内容の研究」を専門分野とし、幼児の人や環境と関わる力の発達とその支援、保育者の専門性や成長に関する実践的研究に取り組んでいる。
　担当箇所：第6章

松本　剛（まつもと・つよし）兵庫教育大学大学院学校教育研究科／教授
　人間性心理学を基盤とする臨床心理学を専門とし、それらの生徒指導・教育相談領域を中心とした学校教育への活用とその検証を進めている。
　担当箇所：第3章

水落　芳明（みずおち・よしあき）上越教育大学大学院学校教育研究科／教授
　主に学習者の相互作用を軸とした学習デザインや教科学習におけるICT活用、人間関係づくりについて研究している。
　担当箇所：第8章

若田　美香（わかだ・みか）岡山県真庭市立天の川こども園／主任保育教諭
　保育現場での実践経験を基に、子どもの人と関わる力を育む保育者効力感の向上や協働性に着目し、実践と研究の往還に取り組んでいる。
　担当箇所：第7章

教育系博士課程におけるリカレント・モデルの構築

2023年3月31日　初版第1刷発行

著　者──溝邊和成・久我直人・髙橋敏之・田村隆宏・西山　修
　　　　　松本　剛・水落芳明・若田美香

発行者──安部英行

発行所──学事出版株式会社
　　　　　〒101-0051　東京都千代田区神田神保町1-2-5
　　　　　電話 03-3518-9655
　　　　　https://www.gakuji.co.jp

編集担当　桒田幸希
編集協力　加藤　愛
装　　丁　細川理恵
印刷製本　精文堂印刷株式会社

ISBN978-4-7619-2915-2　C3037